衰退産業でも稼げます

「代替わりイノベーション」のセオリー

藻谷ゆかり
Motani Yukari

新潮社

はじめに

「もっと自分を新鮮に、そして簡素にすることはないか」
これは私が都会の空気の中から脱け出して、あの山国へ行った時の心であった。

島崎藤村は『千曲川のスケッチ』で、都会から長野県小諸に移住した時の心境をこのように書いています。島崎藤村は小諸に移住後、詩から小説へと転向し、代表作である『破戒』を小諸在住時から書き始めています。おそらく島崎藤村が小諸移住に求めたものは、新しい環境に自分を置き、新たな気持ちで文学に向かうための「ビギナーズ・マインド」であったと私は思います。

都会で共働きをしていたアラフォーの私たち夫婦も、まさに同じ心境でした。私たちはハーバード・ビジネススクール留学中に知り合って結婚し、金融機関や外資系企業に勤務した後、それぞれが自分の会社を起業していました。私たちは「長野県に家族5人で移住して、新しい気持ちでシンプルな暮らしをしたい」と願い、2002年に小諸市の隣の北御牧村（現在の東御市《とうみし》）に「愛ターン」移住しました。

「愛ターン」というのは、地縁や血縁がなくても、その土地の風景や暮らしが好きで移住することです。北御牧村を「愛ターン」先に選んだのは、浅間山と蓼科山などに囲まれた360度のパノラマが望める、一望千里の絶景の地だったからです。ちなみに私の夫はエコノミストの藻谷俊介で、『デフレの正体』や『里山資本主義』の著者である藻谷浩介は義弟です。

移住した当時の北御牧村は人口約5500人の田舎で、コンビニもなく信号機は村内に2か所だけでした。最初は慣れない田舎暮らしに戸惑うこともありましたが、17年以上この地に住んで、都会暮らしではわからなかった様々なことを学びました。田舎暮らしでもインターネットの普及で、情報の不足や買い物の不便さは全くありません。むしろ田舎に住んだことによって、衰退産業といわれる「商店・旅館・農業・伝統産業」が身近な存在になり、衰退産業の経営難や後継者難をより切実に感じるようになりました。

私は1997年にインド紅茶の輸入・ネット通販会社を起業し21年間経営していましたが、2018年3月に地元の女性に事業譲渡し、その後は大学や創業塾などで「スモールビジネス」や「起業」を教えています。本書では衰退産業といわれる「商店・旅館・農業・伝統産業」において、代替わり時や起業時に画期的なイノベーションを起こしている16の事例を取り上げました。

経済成長をもたらすのは、「ハイテク産業のイノベーション」だけではなく、衰退産業のような「ローテク産業のイノベーション」でも可能であることを示すのが本書の主旨です。そして「商店・旅館・農業・伝統産業」には、以下の3つのような特長があります。

①ローテク産業ではあるが長く続いてきて、今後も残すべき「価値」があること
②新規参入が少なく比較的ローリスクで、後継者難。代替わりはチャンスであること
③労働集約的である反面、生業《なりわい》としてやりがいがあること

つまり「商店・旅館・農業・伝統産業」は、コンピューターでは代替できない「人間の営み」であり、長く伝承されてきた技術や財・サービスには、次世代に残すべき「価値」があります。本書では各章4つの事例研究を行っていますが、そのうち3つは代替わり時に革新的なイノベーションを起こした事例です。そして各章の最後に、若い世代による新規起業の事例を紹介しています。但し新規起業例は、いずれも既存の施設や業者と協創してイノベーションを起こしているものです。また各章において、女性がイノベーションを

起こしている事例を必ず取り上げました。

私は16の事例研究から、日本を再生する3つのキーコンセプト、「ビギナーズ・マインド」「増価主義」「地産外招」を導き出しました。この3つのキーコンセプトについては、序章で詳しく説明していますが、簡単に言えば以下のような流れです。

まず代替わりは、事業を展開し成長させるチャンスです。新しく事業を承継する人には「ビギナーズ・マインド」があり、新鮮な気持ちで事業にある「価値」を見出して、再興することができるからです。そして次世代に引き継ぐべき「価値」がある事業が承継され、イノベーションを起こしてさらに事業としての価値を高めれば、本書のキーコンセプトである「増価主義」が実現します。

さらに「地産外招」ですが、これは私が本書での事例研究から導いた新しいコンセプトです。少子高齢化で人口減少がすすむ地方では、「地産地消」だけでは今後はなりたちません。そこでローカルな商品を外に販売する「地産外商」が重要になりますが、それをさらに進めた「地産外招」は「ローカルな強みを磨き上げ、外から人を招くことができる独創的な価値がある財・サービスを創出する」という概念です。

１９９０年代のバブル経済崩壊後、「失われた〇〇年」という言い方をしますが、昭和時代の高度成長期やバブル経済時のような「大量生産・大量消費を前提とした、経済至上主義の日本」は既に終わっています。本書の事例研究を読めば、日本には今までの「エコノミック・アニマル」とは違う、新しい価値観やしなやかな感性を持つ経営者が育っており、彼らが支える「成熟した文化大国としての日本」の姿が見えてくると思います。

本書が起業を考えている人、事業を継ぐか迷っている人、地方移住を考えている人、地域活性化に取り組んでいる人、そしてイノベーションを起こして日本を再生したいと願うすべての人に、未来を考えるヒントを提供することができましたら、私にとってこの上ない喜びです。

衰退産業でも稼げます

——「代替わりイノベーション」のセオリー

目次

衰退産業でも稼げます

――「代替わりイノベーション」のセオリー

序　章　日本を再生するための3つのキーコンセプト

　本書では、「商店・旅館・農業・伝統産業」といった衰退産業において、代替わり時や起業時にイノベーションを起こすことに成功した16の事例を研究しています。この16の事例研究を通して、私は「ビギナーズ・マインド」「増価主義」「地産外招」という３つのキーコンセプトを導き出しました。序章では、これらの３つのキーコンセプトの定義と、それらがなぜ日本の再生に重要な概念であるかを説明します。

1　ビギナーズ・マインド

「ビギナーズ・マインド」とは、禅の「初心」の英訳で、「既成概念を持っていない初心者の心」という意味です。故スティーブ・ジョブズが愛読した『禅マインド　ビギナーズ・マインド』という本は、１９６０年代にアメリカ・サンフランシスコで禅を広めた鈴木俊隆の法話集です。その本では「ビギナーズ・マインド」とは、「空《くう》であり、専門家の持っている『くせ』がなく、すべての可能性に対して、それを受け入れ、疑い、開かれている、準備のある心」であるとしています。また「初心者の心には多くの可能性がありますす。しかし専門家といわれる人の心には、それはほとんどありません」とし、禅の修行の目的は、「ビギナーズ・マインドをそのまま保つことにある」としています。

経営を巡る環境変化が激しく、以前よりもビジネスモデルの寿命が短くなっているのにもかかわらず、旧態依然とした経営をしているのは、いわば「生活習慣病」に陥っている状態です。本書の16事例中、新規起業は4例で、残り12例中9例は実の親子間での事業承継ですが、いずれの事例においても事業承継する前に、子供は他業種の仕事を経験したり、海外生活を経験して、実家の事業に戻っています。つまり事業承継における「ビギナーズ・マインド」というのは、「今の事業をどう客観的に見て、新しい価値を見出すことができるか」ということです。

室町時代に能を大成した世阿弥は、「初心忘るべからず」という言葉を残しています。この言葉は「初めの頃の気持ちを忘れてはいけない」というように誤解されていることが多いのですが、世阿弥は「人生のそれぞれの段階で、『初心』を持ち続けなければならない」としており、世阿弥のいう「初心」は禅の「ビギナーズ・マインド」に近い概念です。また世阿弥は「離《り》見《けん》の見《けん》」という言葉も残しています。「離見の見」とは、「様々な角度から能を見ている観客の視点で、自分の姿を見よ」という意味で、「客観的に自分を見ることの重要性」を説いています。代替わりをする前に、子供が他業種の仕事をしたり海外生活を経験することは、家業を客観的に見る良い機会になると思います。

また親子間で事業承継する場合、子供のころからその家業に接して育っているため、家業が持つ「価値」に気が付かないことがあります。第一章「商店」で事例として取り上げた長野県上田市の酒販売店「原商店」では、他家から嫁にきた「よそ者」である原有紀さんが１１０年以上続く老舗の原商店にある「宝物」の存在に気付き、商売を再興します。また第四章「伝統産業」で取り上げた「京和傘日吉屋」に婿入りした西堀耕太郎さんは、和歌山県で公務員をしていましたが、「ビギナーズ・マインド」で和傘にある「宝物の価値」を見出し、和傘の技術をデザイン照明に応用して、世界市場にも展開しています。

少子高齢化が進行した日本では、「既存の事業をどう次世代につなぐことができるか」が大きな社会問題になっています。後継者がいない中小企業がこのまま廃業すると、「２０２５年ごろまでの10年間の累計で、約６５０万人の雇用と約22兆円のＧＤＰが失われる可能性」（中小企業庁長官の２０１８年の年頭所感より抜粋）があります。

私も21年間続けた事業を家族ではなく地元の女性に譲渡しましたが、家族に後継者がいない場合でも廃業せずに、金融機関やＭ＆Ａ仲介会社などを通じて、積極的に事業承継をする相手を探すべきです。なぜならば「ビギナーズ・マインド」を持つ新しい経営者に事業承継することにより、事業が新たに花開く可能性があるからです。

また起業を志す人にとっても、新規起業よりも事業承継の方が相対的にリスクが少ないため、まず事業承継を検討することを勧めます。事業承継は、雇用やＧＤＰの損失を防ぐことにもなり、社会的な意義が大きいのです。

2　増価主義

「増価主義」とは、「時を重ねて、さらにその価値が積み重なっていく」というコンセプトです。このコンセプトは、富士屋ホテルチェーン総支配人であった山口祐司さんが「日本の次世代のホテル経営」について提唱した考え方です。山口祐司さんは早稲田大学卒業後、商社勤務を経て箱根にある富士屋ホテルのオーナー一族に婿入りし、１９５９年にアメリカのコーネル大学ホテル経営学部に留学された経歴を持つホテル経営者です。またホテル会計についての専門書を執筆し、早稲田大学や桜美林大学で教鞭をとられた研究者でもあります。山口祐司さんの娘で作家の山口由美さんが書いた『日本旅館進化論』で、

「増価主義」は以下のように紹介されています。

「日本のホテル経営は、これまでオープンした日をそのホテルの価値として最大と信じ、それ以降、毎年価値を減じていく会計学でいう減価主義と同じ立場をとってきました。（中略）今後は我が国のホテルの経営環境の変化に伴い、新しい考え方が必要になってくると思っています。それが『増価主義』です。オープンして以降、益々その価値を増大させるホテル経営。資金を回収した後も破壊することはせず、時を経たがゆえに価値を増し、愛着を生むホテル」

この「増価主義」というコンセプトを山口祐司さんが提唱したのは、バブル経済後の１９９２年のことです。富士屋ホテルという一流ホテルの経営に携わり、かつ日米のホテル会計理論に精通した研究者でもあった山口祐司さんが、今後の日本のホテル経営の在り方を「増価主義」としたことは、大変意義深いことだと思います。

本書の第二章「旅館」で取り上げた長野県・鹿教湯《かけゆ》温泉の「三水館」は、古民家４棟の移築により「古くて新しい旅館」を開業し、17年経て一層風情のある佇まいになっています。また長野県・渋温泉の「小石屋旅館」の事例では、廃業した昭和３年に建築された旅館を若者たちがリノベーションして新しい命を与え、温泉街の活性化に貢献しています。今後はさらに価値を高めて「増価主義」の実現が期待される事例です。

また信州最古の温泉といわれる別所温泉（長野県上田市）には、廃業した土産物店を再生して、テナントとシェアハウスにしている「別所ヴィレッジ」があります。２０１７年から「別所ヴィレッジ」を運営している松江朋子さんは富山県出身で、それ以前は東京で設計士として家具やリフォームの設計の仕事をしていました。たまたま友人が暮らす別所温泉に遊びに来たことをきっかけに、２０１４年に東京から別所温泉に移住しました。

「別所ヴィレッジ」では、通りに面した土産物店だったテナント部分にカフェバーやＩＴ企業、写真スタジオが入居しています。母屋だった家屋は４室のシェアハウスにリノベーションし、そのうちの１室は「お試し移住部屋」として短期貸しを行っています。アラフィフの女性が地縁のない別所温泉に移住し、不動産を購入しリノベーションをして賃貸業を営むことは、一見リスクが高いように思いますが、幸いにもテナントもシェアハウスもすぐに借り手が見つかりました。

松江さんは今後も別所温泉で空き家物件のリノベーションを行い、移住者が別所温泉で暮らして、新しいビジネスを展開するお手伝いをし、地域を活性化していきたいとのことです。つまり松江さんは古い空き家物件をリノベーションして価値を上げ、借り手・貸し手・地域の三者がハッピーになる「三方よしの増価主義」を目指しています。

「温泉街の活性化」というと、「どのように観光客を呼び込んで、どれだけ長く滞在してお金を使ってもらうか」という点に集中しがちです。しかし、これからは「別所ヴィレッジ」のように、「温泉街で楽しく暮らし、面白い仕事をする」という「新しい温泉街の活性化」が全国で広がっていくことを私は期待しています。

さらに「増価主義」というコンセプトは、日本の文化や日本人の美的感覚と深く結びついています。私の大学の後輩で漆職人の小島ゆりさんは、「漆の制作と金《きん》継ぎ」をしていますが、恥ずかしながら私は小島さんと知り合うまで、「金継ぎ」という言葉を知りませんでした。また私は割れた器をすぐに捨ててしまうため、「金継ぎ」をして繕《つくろ》うという考えがそもそもありませんでした。

「金継ぎ」とは、壊れた器を漆で接着し、継ぎ目を金や銀で装飾する日本の伝統的な修復技法です。茶の湯が流行した室町時代から始まり、当初は茶道具など高価な器を「金継ぎ」しましたが、今は「亡き母の形見の皿」など、思い入れがある割れた器に「金継ぎ」を施すことが多くなっているそうです。小島さんの顧客で、「20歳の記念に先輩からもらった大切なお猪口《ちょこ》を、妻が洗っていて縁を欠いてしまい喧嘩になった。縁が欠けたお猪口を金継ぎして、夫婦喧嘩した気持ちを修復したい」という男性がいたそうです。「金継ぎ」をすることは、「大切な器を修復する」だけではなく、「喧嘩した心も修復する」ことにつながるのです。

割れた器の継ぎ目を金で装飾して、わざわざ目立つようにする美的感覚は、日本独特のものです。西洋的な価値観であれば、「割れた器を元通りに復元すること」を目指すと思います。しかし日本人は割れた器をあえて目立つように「金継ぎ」で修復し、金継ぎをした跡を「景色」と呼んで、そこに新たな美的価値を見出すのです。割れた器に「金継ぎ」することは、単に「ものを大切にする」ということだけでなく、「起こった変化を受け止めて、さらに価値を高める機会にする」ことなのです。

「金継ぎ」では漆を接着剤にして、数か月とゆっくり時間をかけて乾かします。漆は年月を経るとさらに強度が増すため、「金継ぎ」をした器が壊れやすいということはありません。そのため骨董品では「金継ぎ」をした器の方が、高価になることがあります。

このように、日本固有の「金継ぎ」という修復手法は、壊れたものを美しく修復して新たな価値を加え、また漆を接着剤に使うことによって、時を経て強度を高めるという「増価主義」そのものなのです。本書の第四章「伝統産業」で事例として取り上げた、伝統産業品を赤ちゃん向けギフトに開発した「株式会社和《あ》える」では、伝統産業品を大事に長く使うために「金継ぎ」でのお直しサービスを取り扱っています。

「老舗は常に新しい」という言葉があります。「老舗」はただ古くから商売をしているだけではなく、常に時代に合わせて商売を更新しているので、「老舗」として生き残れるのです。この言葉は「ビギナーズ・マインド」と「増価主義」にもつながります。日本最古の企業とされる社寺建築の「金剛組」は、飛鳥時代の578年創業です。聖徳太子の生年が574年とされていますので、ほぼ同じ時期の創業なのです。また2016年の東京商工リサーチの調査によると、日本には創業100年以上の企業が3万3069社あります。世界的にみても老舗企業が多い日本には、次世代に残すべき「価値」がある技術や文化があります。それらをどのようにして価値を高めて継承できるかが今、問われています。次世代に残すべき「価値」がある事業を「ビギナーズ・マインド」で見出して事業承継し、「増価主義」でさらに「価値」を高めていくことは、成熟化した日本経済にとって重要なコンセプトです。

3　地産外招

「地産外招」の前に、まず「地産地消」と「地産外商」という言葉があります。

「地産地消」は1980年代から使われ始め、最初は「地域内で、できるだけ多様な農産物を作り、地域内で消費する」、つまり「地域内での生産と消費を増やす」という考え方が主流でした。ところが１９８５年のプラザ合意以降、円高基調となり外国の安い農産物が輸入されるようになると、「外国から燃料代をかけて輸入した価格が安い農産物よりも、価格が高くても地元の農産物を消費すべき」とか、「生産者の顔が見える、安全な地元の農産物を消費すべき」という環境への配慮や食の安全性といった観点から、「地産地消」が推奨されるようになりました。

「地産地消」の好例は、第一章「商店」で事例として取り上げた日本酒です。日本酒はその地域のテロワール（風土）を活かして、地域ごとに特長がある酒が造られてきました。以前は重たくて割れやすい一升瓶で販売されることが多く、また戦後に導入された酒の卸・小売制度の影響で、主に地域内で消費されてきました。しかし人口減少している地域、もしくは日本国内といった限られた市場だけでは、消費量は頭打ちになってしまいます。日本酒は次に述べる「地産外商」に一層力を入れていかなければなりません。

その「地産外商」ですが、「地域でできた産物を、地域外で販売していく」という概念です。特に高知県は「地産外商」に積極的に取り組んでいて、高知県庁には「地産地消・外商課」があり、また東京の銀座にある高知県のアンテナショップ「まるごと高知」は、「一般財団法人高知県地産外商公社」によって運営されています。高知県では県内消費に限りがあり、また人口が多い消費地から物理的に遠いことから、官民協働で「地産外商」

を推進する意義があるのです。

しかしその土地の優れた産物を人口が多い消費地で売るという「地産外商」は、決して新しい概念ではありません。江戸時代には五街道の起点で交通の要所であった日本橋に、全国各地から反物や名産品が集まり、活発に商いが行われていました。

日本という国も、世界の中では一つの「ローカル」な存在です。従って「地産外商」の新しい方向性は、「日本固有の優れた財・サービスを、世界市場に向けて販売する」ことにもなります。本書では、日本酒や化粧筆の海外市場展開の事例で、「地産外商」の具体的な方策を紹介しています。

また本書の事例研究を進めるうちに、私は「ローカルな強みを磨き上げた商品で、他地域から顧客を招く」、「地産外招」という概念を得ました。第一章「商店」で取り上げた「富成伍郎商店」の事例では、「豆腐は通販に向かない商品」であり、富成さんは通販や都市部への出店をせず、あくまで「手渡しの商いにこだわりたい」としています。第１回「日本一旨い豆腐を決める」品評会（２０１５年）金賞受賞で「おいしい豆腐日本一」になった富成伍郎商店は長野県松本市の郊外にありますが、県外ナンバーの車も買いに来る人気豆腐店になっています。

その地域に固有の「キラーコンテンツ」で「地産外招」に成功している事例が、第二章「旅館」で取り上げた長野県山ノ内町の「スノーモンキー」を活かした観光戦略です。山ノ内町の「一茶のこみち　美湯《びゆ》の宿」では、現役の客室乗務員である女将が積極的に「スノーモンキー」を海外の旅行代理店に営業して、年間数泊だった外国人観光客を年間600泊にまで伸ばしています。

日本は戦後、工業製品を世界に輸出して経済大国になりました。それができたのは、日本の技術力や日本人の勤勉さに加えて、戦後の1ドル360円という輸出に大変有利だった固定為替レートが主因です。「世界中で一番安く生産できる国で生産する」グローバル経済においては、「世界共通のユニバーサルな製品」を開発して生産することは、厳しい競争状態を強いられることになります。

繰り返しになりますが、日本という国も世界の中では一つの「ローカル」な存在です。グローバル化した経済では、価格や品質の競争ではなく、「日本固有のローカルな財・サービスに価値を見出し、磨き上げて価値を高めていくこと」が重要になってきます。そして「日本固有のローカルな財・サービス」を外から来た人が消費する、もしくは外から招いた人のアドバイスを受け、それらの価値を高めるという「地産外招」こそが、「成熟した文化大国としての日本」にとっての重要なコンセプトになるのです。

次章以降の16の事例研究において、衰退産業の代替わり時や新規起業時に、「ビギナーズ・マインド」で「価値」を見出し、その価値を「増価」して、「地産外商・地産外招」を実現している事例を詳述していきます。

第一章　商店——新商品開発や販路開拓で起死回生を図る

全国の商店街ではかつての活気がなくなり、シャッターを下ろしている商店が多くなっています。駅前の立地で物を並べて販売するだけの「商店のビジネスモデル」は、もはや通用しません。例えば全国で書店の数が減っていますが、大型書店やアマゾンなどのネット書店に品揃えや利便性で負けただけではなく、そもそも書店がオリジナルな商品を販売したり、付加価値がある売り方をしていないのが問題なのです。つまり商店は独自に商品を開発し、時代に合った販売方法を常に開拓しなければ、生き残ることは難しくなります。

この章では、販売規制に守られてきた米販売店と酒販売店の復活劇、そして長野県松本市の豆腐店が豆腐の品質を日本一と評されるまで高めて「地産外招」を実現している事例を紹介します。最後にスタンフォードMBAが全国の酒蔵とタイアップして、プレミアムな日本酒を世界に展開している事例を取り上げます。

CASE 1 株式会社八代目儀兵衛（京都府京都市）

米販売店から、お米ギフトのネット通販と米料亭に大転換

コモディティ化したお米

お米は日本人にとって大切な食糧でかつ富の象徴であり、江戸時代までは石高制のもと、お米の生産高が諸国の豊かさの指標でした。明治維新後もお米の生産を増やすことは農業における最大の課題であり、また第二次世界大戦後の食糧難の時期には、大切な着物を農家に売って米を買うような時代もありました。

しかし、戦後はお米の生産が増えるのとは反比例して消費量は減り続け、日本人の一人当たりのお米の年間消費量は１９６２年度の１１８・３キログラムをピークに、現在は60キログラム以下となっています。朝昼晩に主食としてお米を食べていた時代と比べると、今は朝食にトーストやシリアル、昼食にはラーメンやパスタ、夕食にご飯を食べるという食生活が普通なので、日本人のお米の消費量が半減するのも当然です。

お米の販売は食糧管理法のもと許可制で行なわれ、米卸業と米小売業に免許が分かれていました。これは次の事例の酒販売店と同じです。１９９５年には食糧管理法が廃止とな

り、お米の販売は許可制から登録制となって、実質的に自由化されます。昭和の時代は米販売店で精米したお米を家まで届けてもらうこともありましたが、販売自由化により一般消費者は大手スーパーなどで購入することが多くなりました。

このように戦後はお米の生産量が過剰になると同時に、食が多様化してお米の消費量はピーク時の半分となった状態で、小売業は自由化されました。お米は１９９３年の凶作時を除いて常に供給過剰な状態で、今や完全に「コモディティ化」しています。

長男が京都の老舗米販売店を継ぐまで

「株式会社八代目儀兵衛」の橋本隆志さんに取材でお会いして「何年生まれですか？」と聞くと、「１９７２年生まれ、ホリエモンと同期です」とのこと。団塊ジュニア世代で一学年の人数が多く、受験や就職などで競争が激しかった世代です。橋本さんは３人きょうだいで姉と弟がいますが、「長男である自分が家を継ぐこと」を幼いころより両親から繰り返し言われていて、家業の米販売店を継ぐこと自体に、あまり疑問を持ったりはしなかったそうです。

橋本さんは同志社大学を卒業後、大手総合通販会社に就職します。その後、京都の米問屋で１年間修業しました。米問屋は米販売店よりも多くの種類のお米を取り扱い、取引量も多く、お米の品質の違いや流通の仕組みについて深く学ぶ機会になりました。

そして１９９７年に家業の「お米の専門店はしもと」に戻ります。「お米の専門店はしもと」は、京都の西七条地区にある１７８７年創業の老舗米販売店で、「心変えずに形を変えよ」という家訓がありました。

売上半減で、「京都から届くお米のギフト」をネット通販

前述のように１９９５年のお米の販売自由化や大手スーパーなどでの安売りの影響で、「お米の専門店はしもと」の売上は、橋本さんが家業に就いた１９９７年の年商約４億円から、２００６年には半分の約２億円まで落ち込み、橋本さんは米販売店として大変苦しい時期を経験します。

橋本さんは京都市内にチラシ広告を配布したり、また「okomeya.net」のドメインを取得してネット通販を始め、なんとかお米の売上を回復させるように努力し続けました。この時期に手掛けたお米のネット通販は、「あなた好みのお米のブレンドをします」という凝りすぎた内容で、また注文方法はメールとＦＡＸのみでショッピングカート機能もなかったため、年に数件の注文しかなかったそうです。米販売店の売上が半減する中で、従業員だけでなく長年働いていた親族までもリストラせざるを得ない状況になり、橋本さんは

「なんで家業が米販売店なんだろう」と幾度も悔しく思ったそうです。

橋本さんの苦境に救いの手を差し伸べてくれたのは、東京でＩＴ会社を経営する大学の先輩でした。橋本さんのメンターである大学の先輩は、「新しい事業の方向性を考えるコンセプター」を紹介してくれました。そして橋本さんと先輩とコンセプターの３人で「京都の老舗米販売店が経営するサイト」のコンセプトを考え抜いた結果、「京都が家にやってくる」というコンセプトで「お米ギフトのネット通販」を立ち上げることになりました。ネット通販を新たに始める場合には、ホームページを実際に制作するウェブデザイナーよりも、「新しい事業の方向性を考えるコンセプター」の果たす役割が、今は重要になっているのです。

「八代目儀兵衛」に改名

橋本さんの実家の屋号は「お米の専門店はしもと」でしたが、橋本さんが２００６年にネット通販を始めるにあたり、新たにネーミングを考えました。祖父の名前が「熊次郎」であったため、最初は「三代目熊次郎」とする予定だったそうです。

「三代目熊次郎」で題字を書くことを九州の女性書家にお願いしたところ、その女性書家はわざわざ京都に来て、「代々のご先祖様のお名前を見せてください」と言います。家系図を見せると、橋本さんの八代前が「儀兵衛」であることがわかり、その女性書家から『八代目儀兵衛』のほうが良い」と言われて、「八代目儀兵衛」で題字を書いてもらったとのことです。「京都にも書家はたくさんいらっしゃるのでは？　なぜ九州の方にお願いしたのですか？」と聞くと、「弟がその時に由布院の老舗旅館で板前修業をしていて、その旅館の題字を書いていた女性書家の字がとても良かったので」ということでした。

京の米老舗
八代目儀兵衛

The best of 米 experience is GIHEY

九州の書家に頼んで作って貰ったロゴ

　ビジネスをする上で、お店や主力商品のネーミングは非常に重要です。「お米の専門店はしもと」ではあまりにも平凡で、もし前に「京都・西七条」と地域名をつけたとしても、それほど訴求力はありません。橋本さんが最初に考えた「三代目熊次郎」は「京都にある老舗の米販売店」としてはふさわしくないと思います。書家の方もその辺に違和感があり、わざわざ京都まで出向いて、別のご先祖様のお名前を探したのではないかと思います。

「八代目儀兵衛」の「八」は末広がりで縁起が良く、また

「儀兵衛」という名前も由緒正しい感じで「京都にある老舗の米販売店」にふさわしいネーミングです。「八代目儀兵衛」がお米のギフト通販や後で述べる米料亭で成功したのも、このネーミングによるところが大きいのでしょう。

お米の「内祝ギフト」に特化

橋本さんの「お米のギフト専門店　八代目儀兵衛」は、最初は5000円の詰め合わせセットから始めましたが、次第に「内祝ギフト」の利用が多くなりました。「内祝ギフト」というのは、「結婚や出産のお祝いの半額くらいをお返しとして贈る」ギフトで、万人に喜ばれて日持ちがする商品が望ましいとされます。その点「京都から届く、おいしいお米のギフト」は内祝ギフトには最適で、橋本さんは今まであまり開拓されていなかった「お米の内祝ギフト」に特化していきました。

例えば12種類のお米を個包装し12色の小さな風呂敷で包んだ「十二単シリーズ」を開発するなど、お米ギフトのパッケージを非常に凝った作りにし「もらってうれしいお米のギフト」にしています。また価格帯も1000円未満から5万円まで幅広く用意し、ギフトに熨斗《のし》を付けるだけでなく、写真や一筆メッセージまでも同梱するサービスを無料でするなど、本当にきめ細やかなギフトサービスを展開していることが「八代目儀兵衛」の成功要因です。

そうした必死の努力の結果、ネット通販の「八代目儀兵衛」の初年度の売上は約２４００万円、次年度は７２００万円、その翌年は１億６０００万円と順調に売上を増やすことに成功しました。そして「八代目儀兵衛」は２０１１年に「楽天ＥＸＰＯ特別アワード」に選ばれ、２０１４年には中小企業庁の「がんばる中小企業３００社」にも選定されています。

日本唯一の「お米のフルコースを提供する米料亭」を祇園と銀座に開店

インターネットでのお米のギフト通販が軌道に乗り始めた２００９年に、「炊き立てのお米のおいしさをお客様に味わっていただくために」、京都・祇園で「京の米料亭　八代目儀兵衛」を開店します。橋本さんの弟は料理人で、大分県の由布院の旅館などで料理の修業をしており、米料亭の料理を担当することになりました。

「米料亭」とは、ライスワインから始まりお粥や米ソースを使った料理など「お米を使ったフルコースを提供する日本初の業態」です。「五つ星お米マイスター」という資格を持つ橋本さんが特別にブレンドしたおいしいお米を、独自開発した土鍋を使ってとびきりおいしく炊いていています。橋本さんは米料亭を京都で開店するにあたっていろんな立地を検討しましたが、「通年でコンスタントに集客が見込める」という理由で現在の八坂神社前の祇園に決めました。「祇園米料亭　八代目儀兵衛」は、この八坂神社前というロケーションが良く、炊き立てのおいしいご飯がおかわり自由で、特に昼のランチは１５００円前後の価格設定であることもあって、行列が絶えない人気店になっています。

祇園店の成功の後、２０１３年には東京・銀座に同じコンセプトの米料亭を開店します。橋本さんは祇園や銀座で開店するにあたって、料理人である弟に対し「京都や東京には、ミシュランの星を取るような料亭がいっぱいある。うちは『米料亭』なんだから、お米の品質には徹底的にこだわり、お米の炊き方を世界一おいしくしなければならない」とアドバイスしたそうです。

事例研究のまとめ

「八代目儀兵衛」が事例として優れている点は、以下の3点です。

①お米を「内祝ギフト」として差別化・ブランド化し、販路を小売店から「ネット通販」に変えたこと

②日本初の「お米のフルコース」を提供する「米料亭」を京都・祇園と東京・銀座に展

開したこと

③ネット通販参入時に、会社名を老舗米販売店や米料亭にふさわしい「八代目儀兵衛」に変更したこと

「心変えずに形を変えよ」という家訓に従い、お米のギフト化とネット通販、そして米料亭の開業を達成した橋本さんは、スモールビジネスを家業から企業に転換した成功例です。現在の年商は約15億円で、売上の構成はネット通販が約70％、米料亭が約20％、京都の料亭などへの業務用米販売が約10％になっています。１９９７年に橋本さんが家業に戻った時にはお米の小売り１００％でしたが、京都・西七条にあった米販売店は現在ありません。

橋本さんは「常に人がやっていない分野を開拓すること、ブルー・オーシャン（競争相手の少ない未開拓市場）の開拓を意識してきた」といいます。「お米の内祝ギフト」という未開拓な事業分野を開拓し、徹底的にギフトに関連する付帯サービスを充実させ、またリアル店舗では「米料亭」という日本初のコンセプトを打ち出しました。

また、「英語の文化 culture という言葉には『耕す』という意味もあり、お米文化も同様に耕して新しく創造していきたい」と語ります。これまで橋本さんは「五つ星お米マイスター」として京都市内の小学校などで食育活動をしてきましたが、今後は「食育」をさ

らに進めて、「八代目儀兵衛」が提供する「米育《こめいく》」として、お米のおいしさを五感で味わいながら表現していく、体験型教育プログラムの普及に取り組んでいくとのことです。

CASE 2 信州イゲタ味噌醸造蔵元　酒の原商店（長野県上田市）

酒販売店から、味噌・甘酒のメーカーに

規制に守られてきた戦後の酒販売店

酒販売店も前述の米販売店同様に、規制に守られてきた業種です。1959年3月に「酒税法」が改正され卸売業免許と小売業免許に分けられ、酒類の小売規制は1990年代まで続きました。読者の中には「酒販売店は羽振りがいい、手堅い商売」という「昭和の記憶」をお持ちの方もいると思います。

しかし1989年6月に国税庁は「酒類販売業免許等取扱要領」を改正し、大規模小売店舗の特例免許や人口・距離基準の緩和、通信販売酒類小売業免許の新設などの規制緩和を進めます。そして2006年8月には酒類小売は原則自由化（免許は必要だが新規参入は可能）となりました。

金融機関勤務のバリキャリ女性が老舗に嫁ぐ

「酒の原商店」の原有紀さんは長野県上田市（旧丸子町）で1967年に生まれ、長野県内の短大卒業後は県信用組合に勤めました。新設の支店に配属になったので、住宅ローンだけでなく事業用ローンも担当し、キャリアウーマンとしてバリバリ働いていました。そして学生時代に知り合った「原商店」の次男と、1992年に結婚して二男一女に恵まれます。

「原商店」は1905年創業、北国《ほっこく》街道沿いにある110年以上の歴史を持つ老舗の酒販売店です。原さんの夫は次男でしたが家業を継ぐことになり、原さんは結婚と同時に夫の両親と敷地内の別棟で同居し、しばらくして金融機関の仕事を辞めました。そして3人の子育ての傍ら、義父母と夫と4人で酒販売店を営んでいました。

業績悪化を隠し続ける「頑固おやじ」

前述のように酒販売店の経営環境は、規制緩和が進んだことで、原さんが結婚した1992年ごろから急激に悪化していきます。1990年代前半に酒ディスカウンターが各地で開業し、大手スーパーが酒類小売業免許を取得してビールや酒を取り扱い始めて価格競争に加わり、さらにコンビニでの酒類の販売も始まっていました。

特に2000年ごろから酒類の売上が激減しているのが家族の目にも明らかでしたが、「頑固おやじ」の先代は業績悪化を原さん夫婦に隠し続けます。「頑固おやじ」というと、

「無口でおっかなく、時々爆発する」というイメージですが、「原商店」の先代は「弁がたつ頑固おやじ」で、家族が何か意見を言おうとすると、ことごとく論破するタイプだそうです。他家から嫁いできた原さんは、「原家は保守的というより封建的な家風だった」と言います。

ついに嫁が舅と対決、代替わりを迫った冬の朝

業績を明かさない先代に対して、家業を継ぐ予定の原さん夫婦は危機感を持ち、今後のことを何度も話しあいました。店の様子から売上が減っていることは明らかですが、最終的な利益はどうなっているのか。原さん夫婦の給与は毎月きちんと支払われているけれども、それはどこから出ているのか。隠れて借金をしていないか。不安は募るばかりです。しかし「頑固おやじ」の先代に対して、息子である原さんの夫が代替わりを切り出すことは、どうしてもできなかったそうです。

２００２年２月の小雪が舞う朝、「こんな天気だったら、今日もお客さんは来ないだろうなあ」とぼんやり思った原さんは、この日に舅である先代と対決することを決意します。

いつものように店を開けることはせずに、先代が店に出てくるのを待ち、「お義父さん、お店の収支はどうなっているんですか？　『原商店』を今後どうしたいんですか？」と切

り出しました。家族から一度も強く言われたことのない先代はしばらく黙ったまま腕組みをし、そして覚悟を決めたように、「実はずっと赤字続きで、貯金を取り崩して給与を払ってきた。外部からの借金はない」と窮状を告白しました。

原さんは「これからも『原商店』を続けたいと思うなら、今日から代替わりしてください。代替わりしないなら、今日、店を閉めてください」と詰め寄り、「先代は口も手も金も出さない」という代替わりの条件を提案します。原さん夫婦は、もし代替わりになったら自分たちの考えで経営し、自分たちの貯金で店の改装をすること、また店を閉めるとなったらそれぞれ勤め口を探して働こうということで合意していたそうです。

「自分の代で暖簾を下ろすのは忍びない。お前たちに任せる。『原商店』をよろしく頼む」

先代はそう言って、今までの経理書類を原さんに渡しました。原さんは名実ともに代替わりを実行するために母屋の明け渡しを求め、原さんの家族が母屋に引っ越しました。まるでクーデターのように急な代替わりだったため、義母はショックで寝込んでしまったそうです。このように「ファミリービジネスの代替わり」は大変な痛みを伴う場合があり、そこには当事者しかわかりえない心の葛藤があると思います。原さんは今でも時々、この冬の朝の光景が夢に出てくると言います。

地元産の大豆を使って自家製造の味噌をブランド化

２００２年２月に代替わりをして、４月からの新年度に向けて商品ラインの見直しと同時に店舗リニューアルを行いました。実は「原商店」は先々代の頃から独自の醸造方法で、おいしい味噌を製造販売していましたが、お酒を買いに来たお客様が所望すれば、味噌蔵に取りに行くという売り方でした。原さんは「こんなにおいしい味噌を作っているのに、どうしてもっと積極的に売らないのだろう」とずっと不思議に思っていたそうです。

これは序章で説明した「ビギナーズ・マインド」の好例で、他家から来た嫁である原さんだからこそ、その家にある「宝物の価値」に気付くのです。原さんは地元産大豆「こうじいらず」を使った少量限定醸造の味噌をメイン商品とし、先々代の名前「伝《つとう》」にちなみ「伝《でん》」とネーミングしました。大手の味噌メーカーは工場を高い室温にして、味噌を早期熟成させたりすることがありますが、「原商店」ではあくまで「天然醸造、完全手造り、無添加の味噌」にこだわっています。このこだわりが味噌の香りや味の違いにつながります。

自家製味噌を本格的に店頭で売り出すにあたって、原さんは味噌をパック詰めするのではなく、店頭で量り売りすることにしました。なぜならば、「原商店」の味噌は発酵を止めるためのアルコールなどを一切添加せず、味噌が生き続けて発酵によるガスが発生するため、袋詰めには適さないからです。また店頭の味噌樽に味噌を山盛りにして透明の円錐カバーをかぶせて販売していますが、これは今ではなかなか見られない光景で、「原商店」の店頭に「昭和のノスタルジア感」を演出しています。

甘酒の製造販売にも進出

商品入れ替えや店舗リニューアルの効果で酒の販売も回復基調となり、ブランド化した味噌も順調に売れ始めたころ、原さんは次に何かオリジナルな商品を開発していかなければと強く思います。特に味噌は仕込んでから約1年かけてじっくりと熟成させるのが特長ですが、資金の回収がそれだけ遅くなるというデメリットがありました。

毎日製造して資金回収が早い、いうなれば「日銭を稼げる商品」はないかということで思いついたのが、やはり麹を利用した甘酒の製造でした。数年前から甘酒がブームになっていますが、目を付けた２００４年当時は麹や甘酒ブームが起こる前でした。原さんが甘酒に注目した理由は、味噌の仕込み時におばあちゃん（夫の祖母）が作る甘酒、いわば「まかないの甘酒」がとても美味しかったからでした。

早速夫婦二人で甘酒の試作を始め、約50種類もの麹菌を12種類に絞り、その中から昔ながらの味わいがあって最もおいしい甘酒になる麹菌を一つだけ選びました。製造上の試行錯誤を繰り返すと同時に、甘酒の製造免許を取得しました。また甘酒の販売で特に工夫した点は、四角いペットボトルを採用したことです。大手メーカーは設備投資をして工場で紙パック製法ができますが、中小メーカーはそうした設備投資ができず、甘酒はガラス瓶入りのことが多いのです。ガラス瓶では重くて持ち運びが不便なため、冷蔵庫の棚に置いても転がらない、四角いペットボトルを使うことに原さんはこだわりました。

２００６年に甘酒の製造免許がおりて、毎日60リットル製造して本格的に売り出しました。幸運なことに２０１２年に「麹ブーム」が起こり、甘酒の売れ行きが格段に良くなりました。甘酒も味噌と同じく、まったくの無添加で、しかも「国産の米と米麹から作られる甘酒」というのはなかなか手に入りません。大手メーカーの甘酒には、甘さを増すための糖類だけでなく、塩や寒天などが入っていることがあります。原さんの作る甘酒は無添加ということに加えて、「くどくない甘さと麹の米がそのままの状態」であることが特長です。飲みやすい「お米のジュース」という感じに仕上がっており、他に売られている甘酒とは味も見た目も違って差別化されています。毎朝手作りする甘酒は一日にたった60リットルしか製造できないため、「原商店」の店頭とネット通販、そして上田市の「ＪＡ信州うえだマルシェ国分」の３つのルートで販売していますが、品切れの日が多い「希少な甘酒」となっています。

地域連携でオリジナル商品を次々と開発

懇意にしている小布施ワイナリーが地元のりんごでシードルを委託製造していることを聞いた原さんは、２００６年にお店にお酒を買いにきていた信州大学の学生たちと共同で上田市産のりんごを１００％使用したシードルを商品開発し、醸造を小布施ワイナリーに委託します。今でこそ多くの大学で「産学連携」のプロジェクトを行っていますが、「産学連携」という言葉が一般的になる前から自発的に行っていました。このシードルは地元新聞にも掲載され、売れ行きも好調だったそうです。

また地域の菓子店と組んで、味噌や甘酒を使ったスイーツを次々と商品開発したところ、若い女性の来店が増えるという経営効果がありました。さらに上田市の酒販売業者仲間と共同で蔵元の沓掛《くつかけ》酒造と交渉して、「互《ご》」という別ブランドのお酒を特別に醸造してもらうことにも成功しました。

このように地域の大学や菓子店、同業者とコラボして、オリジナルの商品を次々に開発することは、これからの商店経営には欠かせないことだと思います。地域でのコラボ商品で「スモール・サクセス」の実績を重ねていくことは、良い経営循環と活気がある地域経済を生み出します。

事例研究のまとめ

「原商店」が事例として優れている点は、以下の3点です。

①既に商品開発していた「味噌」をブランド化し、地元産大豆を使うなどさらに差別化を進めたこと

②利益率が高く資金回収も早い「甘酒」をブームに先んじて商品開発し、販売ルートを多角化したこと

③「味噌」や「甘酒」を使ったスイーツを地元業者と開発する等、地域連携型の商品開発を進めたこと

原さんはビジネス・センスもヒューマン・スキルも併せ持つ「仕事ができる女性」ですが、本当によく働くことに驚きます。「甘酒の製造は定休日の水曜日はお休みですよね?」と私が確認すると「定休日には依頼されているOEM（相手先ブランド）生産の甘酒を作ってから、休みにしています」とのことです。またOEMの甘酒を製造した後に、上京して発酵マイスターの勉強会に参加したりもするそうです。仕事のポリシーをお伺いすると、

「めんどうなこと、つらいことはしないのよ」とカラカラと笑います。つらいことは結局続かないし、体がもたないからだそうです。特に毎朝60リットルを手作りする甘酒の製造では、「体にきつい動作をしないで済む製造方法を、少しずつ工夫して編み出した」とのことです。

あの冬の朝、心を鬼にして代替わりを先代に迫り、見事に老舗酒店を再興した原さんは、「ビギナーズ・マインド」を発揮したモデルケースです。実際に代替わりしてから売上は2倍以上になり、また新たに商品開発に取り組んだ味噌や甘酒は自社製造なので、利益率も大幅に改善しています。毎朝、甘酒を作り続ける原さんは、「地域密着型のファミリービジネスのお手本」ともいえる成功例です。今後も日本酒、味噌、甘酒といった「発酵文化」を、信州・上田から発信する原さんの強いリーダーシップが期待されます。

CASE 3
合名会社富成伍郎商店（長野県松本市）
信州・松本の水にこだわった手作り豆腐で日本一に

衰退産業の典型、町の豆腐店

全国の豆腐製造所数は、ピーク時の1960年には5万軒を超えていましたが年々減少し、今では7000軒を切っています（厚生労働省発表の豆腐製造事業者数）。大手メーカーが大量生産する豆腐が大手スーパーで安く売られることが多くなり、今までスーパーに納品していた町の豆腐店は、価格競争に巻き込まれ、また原材料の大豆価格の上昇もあり、廃業するところが多くなりました。

一方、国産の有機栽培の大豆を使い、手作り製法にこだわっておいしい豆腐を作る豆腐店は、消費者の支持を受けています。長野県松本市の「合名会社富成伍郎商店」は、そんなこだわりの人気豆腐店です。

「絶対、継がない」と言っていた長男が家業を継ぐまで

「富成伍郎商店」は1927年の創業で、現在は三代目の富成敏文さんが継いでいます。

富成さんは1963年生まれで男3人兄弟の長男ですが、地元の高校を卒業すると家業を継がずに東京の部品会社に就職しました。子供の頃から、「絶対に家業は継ぎたくない」と思っていたそうです。

富成さんが豆腐店を継ぎたくない理由は2つあり、自分の父親は毎日エプロンをして長靴を履いて豆腐を工場で作っていましたが、友達の父親はスーツを着てかばんを持って通勤していて、「そっちのほうがカッコいい」と子供心に思ったからでした。もう一つの理由は、父親は親族と一緒に豆腐店を経営していましたが、経営をめぐって争いが絶えない状態だったからだそうです。この教訓から富成さんが代替わりする際には、「弟2人が家業に関わらないこと」を貫きました。

東京で働いていた富成さんは、会社の同僚や取引先との雑談で出身地や家業のことを聞かれたときに、「実家が松本で商売をしているのに、なんで継がないの？　もったいない」と言われることが多かったといいます。都会のサラリーマンにとっては、信州・松本のような風光明媚で文化的な地方都市に実家があり、また継ぐべき家業があることがうらやましいと思う面があります。また父親が何度も上京して継ぐように説得したこともあり、結局、富成さんは家業を継ぐことにしました。

豆腐製造のオートメーション化に失敗、借金だけが残る

松本の家業に戻る前に、富成さんは東京の新宿区にある中堅豆腐メーカーで修業をすることにしました。そこはスーパーへの卸をしている豆腐メーカーで、製造工程はオートメーション化されていました。ちなみにそのメーカーは、今は廃業しているそうです。

実家の豆腐店に戻った富成さんは、大手メーカーの豆腐が松本にあるスーパーに納入されている状況に危機感を持ち、東京の修業先と同じように豆腐製造のオートメーション化を進めることを決意します。豆腐製造機械メーカーと契約し銀行から３０００万円の借入をして、機械が半分納品されたところで、そのメーカーが倒産してしまいました。半分しか納品されていないオートメーション化の機械は全く使いものにならず、３０００万円の借金だけが残りました。この借金返済には20年かかり、また半分だけ納品された機械は、その後に鉄くずとして廃棄処分にしたそうです。

豆腐製造のオートメーション化ができなくなったことで、富成さんは今までの豆腐の手作り製法を根本から大きく見直すことにし、結果としてそれが豆腐の品質の向上につながりました。

松本の水と手作り製法で「日本一おいしい豆腐」に

もう一つ、富成さんに危機的状況が起きます。それは祖父の代から使っていた井戸水が涸れたことです。豆腐の原材料は80％が水であり、「水のおいしさが豆腐のおいしさを決める」といっても過言ではありません。富成さんは専門業者に頼んで敷地内に新しく井戸を掘ってみたところ、幸運なことに再びおいしい水が出るようになりました。新しい井戸水は適度にミネラル分がある「中ミネラルの水」で、おいしい豆腐の製造には最適でした。

２０１５年に京都で第１回「日本一旨い豆腐を決める」品評会が開かれ、富成さんも応募しました。全国から１２８点の応募があったこの品評会では、京都の料理関係者、お寺の住職さんなど15名が審査員となり、産地や商品名を隠した「ブラインド・テスト」で、豆腐の味、食感、香り、外観の審査をしました。その結果、「富成伍郎商店」の「手塩にかけた伍郎のきぬ」豆腐が日本一の金賞を受賞しました。長野県産のナカセンナリという大豆を使い、信州・松本の「中ミネラル」の井戸水を使った手作り製法の豆腐が、京都の品評会で日本一と評価されたのです。

「京都で開催されるこの品評会では、きっと京都の豆腐が上位を占めて『やっぱり京都の豆腐はおいしいでしょ』となると思っていました。審査の結果、うちの豆腐が金賞に選ばれて、京都の豆腐は上位には入賞しなかったのです。その点でも『本当にフェアな審査だったんだ』と感激し、格別にうれしかったです」と富成さんは語ります。

豆腐製造のオートメーション化に失敗して3000万円の借金だけが残り、また井戸水が涸れるという危機をも乗り越えて、豆腐の品評会でみごとに日本一になった「富成伍郎商店」のサクセス・ストーリーは、まさに「災い転じて福となす」といったところです。

適正価格にこだわるプライシング

「富成伍郎商店」で販売する豆腐は、1丁120円くらいの通常の商品ラインと、日本一となった「手塩にかけた伍郎のきぬ」と「手塩にかけた伍郎のもめん」という1丁240円くらいの高級な商品ラインがあります。周りの人から、「せっかく日本一になったのだから、1丁500円くらいで高く売ればいいのに」とよく言われるそうですが、富成さんは「豆腐を適正価格で売りたい」と言い切ります。

「豆腐って、おかずにもつまみにもなるし、みそ汁にも入れる普段使いの日常品なんです。豆腐の価格が高くて、めったに食べられない高級品になったらいけないと思います。うちは豆腐を適正価格で販売するので、お客様にはぜひ、頻繁に買いに来てほしい」と富成さんは言います。日本一になった「手塩にかけた伍郎のきぬ」については、高級感がある黒い手提げ袋にいれて販売しており、そのまま手土産にも使えるように工夫しています。

自然発生的に移動販売が始まる

「富成伍郎商店」の創業時、富成さんの祖父は作った豆腐を自転車で販売していました。そして富成さんの父親の代から、スーパーへの卸を始めたそうです。それ以降、スーパーへの卸と店での直売を行っていましたが、10年ほど前、あるお客さんに「このおいしい豆腐を移動販売で、自分に売らせてほしい」と言われたことをきっかけに、移動販売を始めました。最初は仕事を退職した60代の男性がやりたいと言ってきましたが、いまでは30代、40代の人が移動販売を志願するそうです。移動販売者は今では13名になり、自分で軽トラックなどを改造して、「富成伍郎商店」の工場に毎朝仕入れにきて、各地で販売しています。特にテリトリーなどは決めていないのですが、移動販売者どうしが自然に商圏を棲み分けているとのことです。

移動販売はいわばフランチャイズ店のような位置づけですが、「富成伍郎商店」の場合には「自然発生的に移動販売が始まった」のが特長です。それだけ「豆腐の商品力が強い」という証左です。日商6万円くらいの移動販売者が多く、中には日商10万円の人もいるとのことです。「富成伍郎商店」の現在の年商は3億円を超えていますが、売上構成はスーパーへの卸が4割、移動販売が2割、店での直売が4割となっています。

スイーツショップのような外観の豆腐店

松本市の郊外にある「富成伍郎商店」は赤い屋根の可愛らしい外観で、まるでスイーツショップのようです。実際に豆腐だけでなく、豆腐ドーナツ、ゆばプリン、豆乳を使ったクリームが特徴のシュークリーム（商品名は地名から『はらシュー』）などのスイーツと豆腐を使ったお惣菜を販売していて、県内外からのお客様の車がひっきりなしに出入りしています。私は月に一回、松本で精進料理を習っていますが、帰りに必ず「富成伍郎商店」に寄って豆腐スイーツを食べて、夕飯のおかずに豆腐のお惣菜や豆腐を買います。

富成さんが豆腐や豆乳を使ったスイーツを商品開発したきっかけは、今から10年ほど前に子供の中学校のＰＴＡ会長をしたときに食育の講演会を聞いたことでした。今の子供たちはスーパーやコンビニで売っているスナック菓子やジャンクフードをおやつに食べるので、子供のうちから肥満などの生活習慣病になるという講演内容でした。

その話を聞いた富成さんは、豆腐や豆乳は低カロリーで高たんぱく、ミネラルも豊富で子供たちのおやつとしては最適なので、豆腐スイーツを始めることにしました。「富成伍郎商店」で売っている豆腐スイーツはパティシエが作るような凝ったものではなく、家庭のおやつとして作られているようなドーナツやプリンといったスイーツで、お店で働くスタッフが毎日手作りしています。

手渡しの商いでローカルの発展に寄与、地産外招のモデルケース

豆腐業界には「豆腐に旅をさせるな」という言葉があり、豆腐は通信販売に不向きな商材です。この章の最初の事例で取り上げた「お米」と比較するとわかりやすいのですが、「お米」は、「重く壊れない、日持ちがして常温で輸送でき、購入単価は高い」商材で通信販売に適しています。一方「豆腐」は、「軽いが壊れやすい、日持ちがしなくて冷蔵での輸送、購入単価は低い」と通信販売には不向きな商材なのです。

富成さんは、「お客様には松本市の郊外にある『富成伍郎商店』に来ていただき、お店の佇まいや雰囲気などを含めて、『富成伍郎商店』の豆腐を楽しんでいただきたい。『豆腐を手渡しする商い』にこだわりたいのです」と言います。

事例研究のまとめ

「富成伍郎商店」が事例として優れている点は、以下の3点です。

①オートメーション化の失敗で借金を抱えても、手作り製法を極めて品評会で日本一と

なったこと

②豆腐や豆乳を利用した栄養価の高いスイーツを新規に開発し、店舗の魅力を高めたこと

③「手渡しの商い」を徹底し、松本市郊外の店舗に客が買いに来る「地産外招」を実現していること

「富成伍郎商店」の事例は、序章で説明した「地産外商」を超えた「地産外招」のモデルケースです。長野県産の大豆ナカセンナリと長野県松本市の「中ミネラルの井戸水」を使ったその土地ならではの商品を作り、その商品の魅力で他の地域からも客が買いに来る「地産外招」を見事に実現しています。

「地産外招」の商品例として、長野県小布施町の「小布施堂」が栗の季節だけ提供する「栗の点心　朱雀《すざく》」という特別な栗生菓子があります。毎年秋の1か月間のみに提供される和風モンブランのようなお菓子で、栗の名産地である小布施町ならではの逸品です。これも通販できない商品で、一度「朱雀」を食べてみたい全国のグルメが、毎年栗の収穫時に小布施町に押し寄せます。これもまた、そこにしかないローカルな産物を活かした「地産外招」の好例です。

ローカルな食材を活かした「地産外招」を全国で広め、国内外から日本の地方に観光客を呼びこむことは人口減少に悩む地方経済にとって非常に重要な施策です。序章で説明したように、日本も世界全体からすれば「強い特長があるローカル」ですので、より多くの外国人観光客を招くことができるように、ローカルな財・サービスの品質を高めて、世界に向けてプロモーションすることが大切です。

CASE 4 日本酒応援団株式会社（東京都品川区）

スタンフォードＭＢＡが日本酒を楽しむライフスタイルを世界に展開

商店の最後の事例は、新しいビジネスモデルでプレミアムな日本酒の販売を世界中に展開している、ユニークな新規参入例を紹介します。日本酒の製造や販売については特殊な点が多いので、最初にそれらについて説明したのち「日本酒応援団株式会社」のユニークなビジネスモデルについて詳述します。

「地産地消」の典型的な商品である日本酒

日本酒は、その土地の嗜好にあったものが造られ、その土地で消費される「地産地消」の典型的な商品です。今では全国の日本酒を集めた居酒屋や酒販売店があり、個人でもインターネット通販で各地の酒を取り寄せて飲むことができます。しかし１９９０年代に規制が緩和される以前、日本酒の流通は酒卸業と酒小売業に法律で分けられていたため、各地の酒蔵は製造した酒を県内の酒卸業に卸し、そこから地域の酒販売店を通して販売されていました。現在のように酒蔵から直接消費者に販売するということは、ほとんど行われていませんでした。また日本酒は一升瓶で販売されることが多かったため、「割れやすく重い割には、単価も比較的低い」ことから、通販に向く商品ではありませんでした。

ファミリービジネスの典型である酒蔵

日本の酒蔵は全体の約1%が大手十数社で、残りの約99%は小規模のファミリービジネスです。酒蔵の数は毎年減少しています。戦後の高度成長期には全国に1万蔵ほどありましたが、1980年代には3000蔵になり、今はその半分程度の1400蔵ほどになっています。前述のように「地産地消」されてきた日本酒は、地方の人口が減り続け高齢化が進む中、今後は「地産外商」にならねば生き残ることはできない状況です。外商は地元以外というだけでなく、日本以外の市場、すなわち輸出も考えなければならない状態です。例えば山口県岩国市の小さな酒蔵であった旭酒造が、純米大吟醸の「獺祭《だっさい》」で全国ブランドになり、世界市場へも積極的に進出していますが、今後は生き残りをかけて一層の「地産外商」が進むと考えられます。

またワインは特区制度を利用すれば新規参入が可能ですが、日本酒は新規参入がまず認められません。酒税法の規定で最低でも年間60キロリットルを製造せざるを得ないため、事実上新規参入できない状況です。新規参入するためには、既存の酒蔵と提携するか買収することになります。例えば「年輪経営」や「かんてんぱぱ」ブランドで有名な長野県伊那市の伊那食品工業株式会社は、上伊那郡中川村の老舗である米澤酒造を「伊那の地域文化を守るために」救済型で買収しました。米澤酒造の伝統製法を維持しつつも、最新の工場設備を導入して経営を刷新しています。酒蔵の買収を行う企業は既にいくつか存在しますが、今後も酒蔵の買収は、さらに活発になることでしょう。

アメリカ育ちの帰国生が「日本酒応援団」を設立するまで

「日本酒応援団株式会社」代表の古原《こはら》忠直さんは1977年に大阪府で生まれ、1歳からは東京都で育ちました。10歳の時に商社マンだった父親の転勤でアメリカのデトロイトに移住し、17歳までデトロイトで育ちました。古原さんがデトロイトで過ごした1980年代後半から1990年代は、日米経済摩擦が激化した、いわゆる「ジャパン・バッシング」の時代で、自動車生産の中心地であったデトロイトは、失業した労働者がデモで日本車を叩き潰すことが行われるほど「ジャパン・バッシング」が激しかったところです。デトロイト在住の日本人は危険を避けるために日本人であることを隠して生活し、古原さんも現地校に通ってアメリカ人として生活したそうです。しかし多感な10代に日本人としてのアイデンティティを消して生活したことで日本への想いが強まり、古原さんはアメリカの大学に行かずに、東京大学経済学部に帰国生枠で入学することになります。

大学時代から起業に興味を持っていた古原さんは、卒業後は大手商社に入社し、希望したベンチャー投資部門に配属されました。その後投資会社に転職し、スタンフォード大学のビジネススクールに留学、２００８年にＭＢＡ課程を修了して帰国します。そして帰国後はベンチャー投資関係の仕事をしていました。

古原さんは大学在学中に軟式野球サークルに所属していて、飲み会などで日本酒を飲む機会がありましたが、「居酒屋の飲み放題の日本酒はおいしくなく、悪酔いするだけだった」と言います。社会人になってある料理店で純米大吟醸の日本酒と出会ったときに、日本酒の本当の美味しさに目覚めて、それからはすっかり大ファンになり、日本各地の美味しい日本酒を一升瓶で購入して飲み比べるようになりました。

古原さんはベンチャー投資の仕事が一段落していた時に、日本酒の飲み仲間の実家である酒蔵「竹下本店」の窮状を知ります。島根県にある「竹下本店」は竹下登元首相の実家でもある由緒ある酒蔵ですが、地域の過疎化と高齢化で酒の売上が減少し、本格的な酒造りができていない状況でした。古原さんは「それならばみんなで酒造りを手伝おう」というボランティア感覚で、「日本酒応援団」の活動を始めます。古原さんは飲み仲間たちと泊まり込みで竹下本店の酒造りを手伝う一方、ＳＮＳを通じて全国から酒造りのサポーターを募りました。由緒ある竹下本店で、「純米・無濾過・生・原酒」にこだわった極上の日本酒を四合瓶（720ミリリットル）2500本分製造し、その活動が各種メディアで取り上げられたため、製造した2500本は3か月で完売しました。

ボランティアで始めた活動は、想像以上の楽しさと充実感があり、古原さんは2015年7月に仲間3人と「日本酒応援団株式会社」を設立します。古原さんは自身のベンチャーキャピタリストとしての経験から、「お金が儲かるからとか、今流行っているからという理由で起業すると、必ず失敗します。『自分が本当に惚れ込んだ事業』だからこそ、成功するまでビジネスを持続できるのです」と言っています。私は本書のために、様々な苦境を乗り越えてイノベーションを起こしている経営者の方々を事例調査しましたが、みな一様に、「熱意」を超えて、成功するまで粘り強く事業を続ける「熱量」を持っていると実感しました。

ファブレスであり、製造小売業（SPA）である「日本酒応援団」のビジネスモデル

「日本酒応援団」は、酒蔵からお酒を仕入れて売る酒販売店ではありません。前述のように日本酒の製造には新規参入できないので、技術力と商品の特徴がある酒蔵メーカーと提携して、「純米・無濾過・生・原酒」の日本酒を造り、「日本酒応援団」のブランドで販売しています。製造施設を持たずに既存の酒蔵と提携している点では「ファブレス（製造設備を持たない）」であり、自社ブランドの日本酒を製造し販売しているので、ユニクロ等と同様、「製造小売業（ＳＰＡ）」でもあります。

酒蔵とのパートナーシップは単なる提携関係ではなく、強い信頼関係のもと、深くコミットしているのが特徴です。「日本酒応援団」のスタッフは提携している酒蔵に数か月泊まり込んで酒米作りから関わり、また参加者を募って一緒に酒米の田植えや稲刈りをするイベントも開催しています。酒造りは労働集約型なので、「日本酒応援団」のスタッフやサポーターが「酒米作りから参加」することは、今後予測される人手不足を考えると賢明な手法です。このように提携した酒蔵と日本酒の製造過程に深いコミットメントがあるため、一人称でお酒の魅力や酒造りのストーリーをより深いところまで消費者に伝えることができ、それが日本酒好きの消費者の信頼を得ることにつながっています。

量より質、テロワールを重視した提携体制

日本酒の美味しさを日本中、そして世界中に広めていくために、「日本酒応援団」では取り扱う日本酒の品質を重視し、「純米・無濾過・生・原酒」にこだわっています。それは、米と米麴と水だけを原材料として（純米）、雑味だけでなくうまみまでも除去する

「濾過」をせず（無濾過）、お酒の発酵を止める火入れをせず（生）、アルコール度数の調整のための加水をしない（原酒）、という4つの製造条件です。

提携する酒蔵を検討する際には、酒蔵が「地元の酒米を使って地域性がある酒造りをしているかどうか」が判断のポイントです。ワインの世界ではこの地域性を「テロワール」と言い、ワインの味の決め手になっています。そして「日本酒応援団」では、日本酒においても「テロワール」を提携先の酒蔵に求めています。また取り扱う日本酒の競合回避のために、「一県一酒蔵」という方針で提携しています。

最初に酒造りに取り組んだ島根県の「竹下本店」に続き、その活動についての記事を読んだ石川県能登町の老舗「数馬酒造」から提携のオファーがありました。その後も1年に2軒の酒蔵と提携が進んで現在は6軒の酒蔵とパートナー関係にあります。製造量は、創業の２０１５年は竹下本店の1タンク分のみでしたが、２０１８年には提携している6酒蔵において、それぞれ複数タンクで製造を行っています。

２０１6年に高島屋のバイヤーから「日本酒応援団」にアプローチがあり、２０１7年3月から高島屋との協業が始まりました。創業して2年で高島屋から声がかかるというのは大変幸運なことです。これは提携している酒蔵の技術力の高さと、「日本酒応援団」の明確な商品コンセプト、スタイリッシュな商品デザイン力によるものです。

「日本酒応援団」のブランドで販売する日本酒は、ワイン瓶と同じ720ミリリットル瓶に詰められ、商品ラベルは社内の専任デザイナーが銘柄をアルファベット表記にしてデザインしており、「ワインのようにスタイリッシュな瓶」に仕上がっています。高島屋では通年販売に加えて、お中元やお歳暮ギフト、そして父の日ギフトで「日本酒応援団」の日本酒が取り扱われ、また年に数回開催される高島屋の日本酒イベントにも参加しています。

世界に「日本酒を楽しむライフスタイル」を広める

今後、古原さんが最も力をいれていくのが「日本酒の海外販売」です。この海外販売こそ、帰国生でスタンフォードMBAである古原さんが大活躍できるフィールドです。まず2015年にサンフランシスコで日本酒の試飲会イベントに参加し、取扱店やレストランを開拓しました。その後は、香港、シンガポール、ベトナム、タイの富裕層を中心に販売ルートを広げており、ヨーロッパではイギリス・ロンドンを拠点に販売網を広げる予定です。各国の販売ルートはその国の商習慣に合わせて、異なるエージェントとの取引にしています。

日本酒の輸出は年々増えていますが、フランス産ワインの約3割が輸出されていることに比べると、日本酒の輸出割合はまだまだ微々たるものです。１９８０年代から寿司などの日本食が世界中に広まったように、日本酒をもっと世界に広めるために、「日本酒応援団」は次の世界戦略を多角的に検討しています。

事例研究のまとめ

「日本酒応援団」が事例として優れている点は、以下の３点です。

①酒蔵との深い信頼関係を築き、プレミアムな日本酒の「ファブレス」な「製造小売業」であること
②品質にとことんこだわった、少量生産のブティック型のビジネスモデルであること
③プレミアムな日本酒を、世界の富裕層に販売していく基盤を着々と築いていること

さらに古原さんは創業した２０１５年から、毎年夏に母校のスタンフォード大学ビジネススクールからインターン生を３～４名受け入れています。スタンフォード大学のビジネススクールは一学年が約４００名ですが、「日本酒応援団」のインターン企画に毎年35名ほどの応募があります。一学年の約10人に１人が申し込むほどで、海外インターン・プロ

グラムとしては「日本酒応援団」が一番人気だそうです。

古原さんがスタンフォード大学からインターン生を受け入れる理由は、まず彼らに日本酒のエヴァンジェリスト（伝道者）になって欲しいから、もう一つはスタンフォードのMBAがどのように日本酒を理解するか、日本酒の世界的なマーケティング戦略をどのように考えるかを知りたいからだそうです。スタンフォード大学のビジネススクールがインターン生の渡航費を負担しているので、「日本酒応援団」が負担するのは国内滞在費とインターン給与で、一人当たり10万円程度とのことです。

スタンフォード大学のビジネススクールでインターン機会を提供している日本企業は、「日本酒応援団」の他に2社くらいとのことなので、ぜひもっと多くの日本企業や団体が、こうした海外からのインターンを受け入れて、「地産外招」を推進して欲しいと思います。

毎年、スタンフォードＭＢＡのインターン生を受け入れている。
後列の左端が「日本酒応援団」代表の古原忠直さん

コラム　代替わりはイノベーションのチャンス

「老舗は常に新しい」という言葉があります。商店が代々続いていくためには、常に時代の変化にあわせてイノベーションを起こしていかなければならず、それができている商店は「老舗」として時代を超えて生き残ることができるのです。「八代目儀兵衛」の家訓のように、「心変えずに形を変えよ」という心構えは、いつの時代にも重要だと思います。

そして「代替わり」というのは、「ビギナーズ・マインド」を持った新しい事業承継者がイノベーションを起こすチャンスとなります。第一章「商店」の4つの事例を、「一般社団法人　軍師®アカデミー」考案の事業承継フレームワークで考えてみましょう。

長野県松本市の豆腐店「富成伍郎商店」は、引き継いだ会社でほぼ同じ事業を行っています。長野県上田市の酒販売店「原商店」は同じ会社のまま、代替わりして新事業（味噌・甘酒の製造販売）に取り組んでいます。新規起業例の「日本酒応援団」は、新しい会社を設立し既存の酒蔵と製造面でタイアップし、国内外にプレミアムな日本酒を販売するというビジネスモデルです。そして京都府京都市の米販売店「お米の専門店はしもと」は、2006年にインターネット通販に再挑戦する際、「株式会社八代目儀兵衛」という会社

	現在の事業	新しい事業
現在の会社	一般的な事業承継（富成伍郎商店）	新事業戦略（原商店）
新しい会社	新会社戦略（日本酒応援団）	創業戦略（八代目儀兵衛）

を新しく設立して「お米の内祝ギフト」と「米料亭」という全く新しい分野に参入し、新しい会社で新しい事業をするという「創業戦略」を見事に実現しています。

「家業を継ぐことは、ブランドや技術など引き継ぐものはありますが、事業内容をその時代に合わせて『再設計』しなければならず、起業とほぼ同じです」と、序章の「増価主義」で紹介した漆職人の小島ゆりさんは言います。

小島さんは島根県松江市出身で1975年生まれ、370年以上続く「松江藩お抱え塗師・蒔絵師」の家に一人娘として生まれ育ちました。東京大学を卒業後、「一子相伝（親が一人の子供だけに技術を伝えること）」で漆芸を2年間修業しましたが、小島さんは「これからの伝統産業は、製造・販売業としてとらえる必要がある」と考えて、カタログ通販大手の株式会社ベルーナと株式会社リクルートに勤務し、商品企画・販売の仕事を担当しました。約10年間の社会人経験を経て家業の漆の仕事をすることを決意し、伝統的な漆器制作だけでなくレースを素材にした「漆アクセサリー」を開発したり、漆塗り教室や金継ぎ教室をカルチャーセンターなどで開催して、漆文化の普及にも力をいれています。

本書に登場する人たちはビジネス・センスもヒューマン・スキルもありますが、最初から備わっていたわけではありません。「家業を継ぐ」という運命を受け入れる中で、どうすれば家業を立て直せるかを必死に考え、他業種で「武者修行する」などして、ビジネス・センスとヒューマン・スキルを磨いていったのです。「人生60年」だった時代ならば、学校を出てすぐに家業について40代で代替わりすべきでしょうが、今や「人生１００年」と言われており、「武者修行する」時間的な余裕があると思います。若いうちにしっかり学び、他業種で働いて広い視野と人脈を得ることによって、代替わりした際にイノベーションを起こすことができるのです。

第二章　旅館——ＩＴ化やローカルな魅力で再生する

厚生労働省の統計によると、旅館の施設数は１９８９年に約７万７０００軒ありましたが、２０１７年には約３万８０００軒とほぼ半減しています。一方ホテルの施設数は同時期に、約５０００軒から１万軒以上に倍増しています。また旅館やホテルの経営で重要な指標である客室稼働率は、都市部のホテルでは約80％であるのに対して、旅館の客室稼働率は約40％であり、損益分岐点といわれる50％を下回っています。

全国で衰退した温泉街や温泉旅館の廃業が話題となる一方で、長野県軽井沢町発祥の「株式会社星野リゾート」は全国のリゾートホテルや老舗旅館をプレミアム路線で再生する事業で成功しています。一方、大手投資ファンドの出資を受けた「大江戸温泉物語ホテルズ＆リゾーツ株式会社」は、低価格路線で業績を伸ばしています。この章では、日本の温泉旅館経営において、ビギナーズ・マインドでＩＴ技術を駆使し、新たにローカルな魅力を掘りおこして、業績をＶ字回復させている事例を取り上げます。

CASE 5

元湯陣屋（神奈川県秦野市）

10億円の借金をかかえた老舗旅館をIT導入でV字回復、週休2・5日制導入で働き方改革を実現

素人女将が老舗旅館を継ぐまで

「元湯陣屋」は神奈川県秦野市の鶴巻温泉にあり、1918年創業の老舗旅館で、将棋や囲碁のタイトル戦が行われることでも有名です。またスタジオジブリの宮崎駿監督は「元湯陣屋」のオーナーと親戚関係にあり、幼少時に何度も「元湯陣屋」を訪れて遊んだとのことで、庭内には「トトロの木」があります。

私も事例調査で訪問しましたが、小田急線の鶴巻温泉駅を降りて地図に従って徒歩で4分ほど行くと、1万坪の日本庭園がある「元湯陣屋」に着きました。庭にいた仲居さんに「女将さんと取材の約束があって来ました」と告げると、仲居さんはヘッドセットでフロントと連絡を取って案内してくれました。旅館の玄関には「そのままお上がり下さい」と表示があり、しばらくすると女将の宮﨑知子さんが現れました。「こちらの旅館では靴のまま、上がってもいいんですね」と私が言うと、宮﨑さんは「ええ、代替わりしてそのよ

うに変更しました。前は下足番が一人いましたので」とのことです。私は日本旅館というと「靴を脱いで上がるもの」と思い込んでいましたが、ここでも効率的な旅館経営の一端を感じました。

「元湯陣屋」の女将、宮﨑知子さんは1977年生まれ、昭和女子大学文学部を卒業後は、大手メーカー系リース会社に勤務しました。当時は一般職としての採用でしたが、宮﨑さんは仕事ぶりを認められ大手メーカーのリース案件も担当するようになります。宮﨑さんは「こういうところを改善すればもっと効率的になるのに」と気が付くことがあり、事務職ながら経営センスを持って仕事に取り組んでいました。

宮﨑さんは、2006年にホンダに勤めるエンジニアの富夫さんと結婚します。すぐに子供に恵まれたため、仕事を辞めて専業主婦となりました。夫の富夫さんは「元湯陣屋」を経営するオーナー家の長男でしたが、旅館を継がないことで富夫さんの両親は納得していました。

ところが2009年に宮﨑さんが第二子の出産を控えて入院していたところに、義母が病室を訪ねてきて「実は旅館の経営がうまくいっていない。借金が約10億円ある」と告白します。東洋ラジエーター（現ティラド）を経営し、「元湯陣屋」のオーナーでもあった義父がその前年に亡くなり、富夫さんが「元湯陣屋」の所有権を相続していたために、富夫さんも「元湯陣屋」の10億円の借金の連帯保証人となっていたのです。

伝統ある「元湯陣屋」ですが、所有権を手放すことも検討しました。あるベンチャー会社が買収を提案してきましたが、借金を差し引いた買収価格はわずか1万円とのことでした。またこのベンチャー会社が老舗旅館を経営できるとは思えなかったことから、宮崎さん夫婦は話し合った結果、10億円の借金がある「元湯陣屋」を、覚悟を決めて継ぐことにしました。宮崎さんは幼い子供2人を抱えながら、今まで全くやったことのない女将業をすることになります。

情報の共有化のためにITを導入

こうした経営で2009年10月から宮崎夫妻に代替わりしたのですが、まず驚いたのは旅館経営にパソコンが全く導入されていなかったことです。宿泊予約から約100人いたパートの勤務状況まで、すべて手書きで記録されていました。宮崎夫妻は株式会社セールスフォース・ドットコムのクラウドシステムの導入を決めますが、幸運なことにクラウド技術がわかる男性がたまたまフロント係としての入社を希望して来たため、すぐに彼をエンジニアとして雇用して、旅館経営のクラウドシステムを構築することができました。

また旅館を引き継いだ時には旅館のスタッフの仕事が完全な分業制で、非効率な経営になっていました。当時は正社員20名とパートが約100名いて、それぞれが決められた仕事しかせず、中には客を迎える時に陣太鼓を鳴らすだけのスタッフもいたとのことです。今の旅館経営においては「多能工」としてマルチタスクをこなせるスタッフが必須であり、そのためにも「情報の共有化」が必要です。

「元湯陣屋」では「陣屋コネクト」という旅館管理システムを開発し、旅館のスタッフ全員がタブレットを持ち、情報の共有や業務の効率化を進めました。こうした改革についていけなかったスタッフは自然に辞めていきました。現在は正社員27名、パート15名と、以前の約3分の1のスタッフで運営していますが、旅館の売上は2倍以上になっています。また旅館スタッフの平均年齢も、45歳から27歳へと大幅に若返りました。旅館経営においては、ITを導入して情報を共有し、業務の効率化をすることが必要ですが、それが最終目的ではありません。業務を効率化してスタッフの心に余裕ができ、お客様に心温まるホスピタリティを提供できることが重要なのです。

料理の改善やブライダル事業で客単価を上げる

ITの導入で業務改善をすると同時に、トップラインである売上を伸ばさなければ赤字は解消できません。経営を引き継いだ2009年当時はリーマンショック後の不景気で、

「元湯陣屋」の客単価は９８００円まで落ちていました。客室数は20室と限られており、売上を伸ばすには客単価を３万円以上にする必要がありました。

宮﨑さんは客単価を上げるために、まず料理の質を上げる努力をします。試食を繰り返し、新メニューの開発を精力的に行い、さらに部屋食をやめて厨房の近くに配置したお食事処で料理を提供することにしました。こうした様々な努力の結果、客単価を３万円に上げても客数が増えるようになりました。

次に宮﨑さんは、宿泊と日帰り入浴に加えて、第三の事業として「ブライダル事業」に取り組みました。「もともと年間70～80組の結婚を控えたカップルの顔合わせ会食の利用がありました。それをブライダル事業につなげられるはずと思い、新規事業として立ち上げました」と宮﨑さんは言います。旅館で結婚式を行うためには、旅館としての総合力が問われます。新しくブライダル事業を行うことにより、スタッフの接客のレベルアップや旅館のイメージ向上にもつながると宮﨑さんは考えました。

現在、結婚式の利用は年間40組ほどあり、単価は１件あたり約２４０万円とのことです。ほとんどの場合、女将である宮﨑さんが自らウエディング・プランナーとなって結婚式の打ち合わせをしています。結婚するカップルが旅館の結婚式でしたいことを、実現できるか判断できるのは女将だけですし、またそもそも結婚式は単価が約２４０万円と高いこともあります。効率化できるところは徹底的に効率化しつつも、ブライダル事業のように女将が取り組むべきことは、女将自身がしっかりと対応しています。

週休2・5日制導入で利益アップ、離職率は10分の1に激減

業務の効率化によってお客様へのサービスが向上し、客単価も上げることができたことで、2011年から売上も増えて利益が出る体質となってきました。代替わり以降、宮崎さん夫妻は約4年間ほとんど休まずに必死に働いてきましたが、休みを取って子供と過ごす時間を増やしたいという希望があり、2014年から稼働率の低かった火曜日と水曜日を休館日としました。二人の子供たちも大喜びだったのですが、旅館のスタッフも火曜日と水曜日の定休日制を歓迎したとのことです。実際に週2日休館日としたところ売上が若干下がっただけで、休館日のパートの人件費や光熱費などを削減できたため、利益は逆に1000万円ほど増えたとのことです。

さらに宮崎さんは2016年に月曜日の宿泊もお休みにします。月曜日の午前中は日曜日の宿泊客がいて、また日帰り入浴の利用もあるため、実際の休日は2・5日となります。この週休2・5日制を実施してからは、宿泊は木曜日から日曜日だけとなりましたが、休館日が認知されるようになって木曜日から日曜日でうまく回るようになりました。

「元湯陣屋」では休日を増やす働き方改革を実行して、利益が増加しました。代替わりした2009年当時は売上に占める人件費率は約50％でしたが、現在は約24％まで下がっています。そしてこの間に従業員の平均年収を288万円から408万円にまで引き上げて、効率化や業績改善で得た利益を従業員に還元しています。

また旅館経営においては、高い離職率が経営上の課題になります。離職率が高いとベテランのスタッフが新任スタッフの教育に時間とエネルギーをとられるため、顧客サービスの低下につながるからです。逆にスタッフの離職率をできるだけ低くすると、より効率的な旅館経営ができるようになるのです。「元湯陣屋」では、週休2・5日制度の導入と前述の昇給により従業員の満足度が上がったため、スタッフの離職率が約33％から約3％にまで減少しています。

旅館経営のプラットフォームと旅館間の助け合いネットワーク形成

「元湯陣屋」では、自社開発した旅館管理システム「陣屋コネクト」の外販もしており、全国約300の旅館やホテルで利用されています。「陣屋コネクト」の初期導入費用は30万円ですが、初期導入の際に船井総合研究所のコンサルティングを受けることができ、今までの業務の見直しができます。また月々の利用料は3500円と格安です。現在、「陣屋コネクト」は独立して別の会社組織となり、営業・サポート7名とエンジニア18名が働いています。営業・サポート7名は日本人ですが、エンジニア18名中、1名はもともと「陣屋コネクト」を作った従業員で、残りの17名はインドなどの海外にいるエンジニアで、インターナショナルなスタッフ体制になっています。

また宮﨑さんは、「JINYA EXPO」という旅館間の助け合いネットワークを作りました。これは加盟する旅館の間で情報交換をしたり、緊急事態の場合にはスタッフを派遣したりする実践的なネットワークです。たとえば、旅館の営業には欠かせない害虫駆除の業者を紹介したり、評判の良いアメニティを共同購入して購入単価を下げることをしています。当初「JINYA EXPO」は陣屋コネクトのユーザー同士の連携で行なっていました。しかし宮﨑さんはもっと多くの旅館で支え合う方が効果的と考え、今では旅館業法の許可を受けた旅館であればシステムを無料で利用できるようにし、名称も「宿屋EXPO」と変えて、より多くの旅館間の助け合いネットワークを形成しています。

事例研究のまとめ

「元湯陣屋」が事例として優れている点は、以下の3点です。

①アナログの旅館経営にITを導入し、情報共有化とマルチタスク化で労働の効率性を高めたこと
②週休２・５日制導入で利益を増やしつつ、従業員満足度も高める働き方改革を実現していること
③旅館業務効率化プログラムを外販して収益を上げ、旅館間の助け合いネットワークも形成していること

「元湯陣屋」のバブル期の売上は約５億円で、代替わりした２００９年の売上は３億円弱までに減っていました。その後２０１５年には売上５億円を達成し、２０１７年には７億円を超え、２０１８年には８億円を超えています。旅館単体の売上は約５億円なので、それ以上に売上が伸びた部分は、「陣屋コネクト」というシステム外販の売上です。

日本全国にある素晴らしい旅館がそれぞれの特長を生かしながらも、効率的な旅館管理システム「陣屋コネクト」を共通のプラットフォームとして導入することは、素晴らしい取り組みだと思います。また宮﨑さんは、「宿屋EXPO」を無料で提供し、情報の面でも人的にも日本旅館間のネットワーク化に尽力しています。宮﨑さんと二人三脚で「元湯陣屋」を再生した夫の富夫さんは「陣屋コネクト」の拡大に尽くした後、２０１８年３月に

「元湯陣屋」の経営を離れて、亡父が経営していたテイラドの社長に就任しました。借金10億円を抱えた老舗旅館を夫婦で再建した経験は、今後メーカーと日本旅館の経営の両方で活かされていくことと思います。

CASE 6 三水館（長野県上田市）

古民家4棟を移築、「里山の風景にあう、古くて新しい旅館」を再生して人気に

　私が住んでいる長野県東御市の隣の上田市、旧丸子町地区には１２００年以上前から湯治場として栄えた鹿教湯《かけゆ》温泉があります。鹿教湯温泉は環境省が指定する「国民保養温泉地」80か所の一つにも選ばれるほど温泉の質が良く、山あいにあり自然環境に恵まれた温泉保養地です。

　鹿教湯温泉にある「三水館」代表の滝沢津田夫さんは20年前の代替わりの際に、あえて温泉街のはずれの里山に場所を移し、古民家４棟を移築して「古くて新しい旅館」を再生しました。

都会で働いていたサラリーマンが旅館を継ぐまで

「三水館」代表の滝沢津田夫さんは１９５７年生まれで、鹿教湯温泉のある旧丸子町西内（現上田市）で４人きょうだいの末っ子として育ちます。子供の頃、滝沢さんの両親は農業をしていましたが、１９７０年代初めに上田と松本を結ぶ三才山トンネル（１９７６年

に開通）が計画された際、道路建設で農地を提供したため補償金が入りました。「鹿教湯温泉は交通の便が良くなり、温泉地としてさらに栄えるから」という理由で、滝沢さんの両親は農業をやめて鹿教湯温泉街の中心部で旅館業を始めました。

滝沢さんは地元の高校卒業後に早稲田大学商学部に進学し、大学卒業後はメーカーに入社して営業を担当していましたが、社会人3年目に母親が体調を崩したため実家の旅館業に戻りました。

古民家4棟を移築して作った「里山の風景にあう、古くて新しい旅館」

1980年代後半のバブル経済のころ、信州の鄙びた温泉街であった鹿教湯温泉にも、鉄筋コンクリート造りの大型ホテルが建ち始めました。2000年前後に代替わりして旅館を建て替えようとした滝沢さんは、鹿教湯温泉の良さは「鄙びた里山らしい風景」にあると考え、鹿教湯温泉の中心部から少し離れた場所に所有していた土地に、「里山の風景にあう、古くて新しい旅館」を造ることを計画しました。

滝沢さんは古民家再生を手掛ける設計事務所に相談して、旅館にふさわしい古民家を探し始めます。また「地域の自然景観に合った宿」のモデルを求めて、設計士と一緒に大分県の由布院温泉にある「玉の湯」や「亀の井別荘」に宿泊し、その静かな佇まいと寛ぎの空間に感動し、「里山の風景にあう、古くて新しい旅館」の具体的なイメージを得ることができました。

幸い先代が堅実な旅館経営をしていたため、代替わりの時点で「三水館」は無借金で、しかも4000万円の自己資金がありました。旅館の移築再生予算は約2億円で、地元の金融機関の担当者も新しい旅館のコンセプトを理解してくれたのですが、融資金額は1億4000万円が限度とされ、2000万円不足しました。その不足分は、後述のコラム（122頁）にあるように知人などから融資を受けてなんとか工面できました。また木曽福島や松本で再生可能な古民家4棟が見つかり、着想から5年を経て、「里山の風景にあう、古くて新しい旅館」を2001年9月にやっと開業します。

木工作家のアートで独特の世界観を演出、時を経るごとに愛着がわく宿

玄関の引き戸を開けて「三水館」の中に入ると、吹き抜けの天井がある土間のエントランスになっています。そして庭に面したラウンジには、木工作家の井崎正治さんがこのラウンジ空間に合うように、特別に制作した大きなテーブルがあります。井崎さんは愛知県蒲郡市に工房をもち、木のぬくもりを大切にした温かみのある作風で知られています。「三水館」にある木工家具や木工人形、壁の絵もすべて井崎さんの作品なので、全体の統

一感があり独特の世界観を形成しています。

古民家の曲がった太い梁をそのままに使って再生された「三水館」の7室は、それぞれ違ったしつらえになっています。壁土は地元の土と藁とを混ぜ込んで、3週間ほど発酵させて作るのですが、滝沢さんが思い描いた「古くて新しい旅館」には、そうした「豊かな時間の価値」が加わっています。

井崎正治さんのホームページで、「三水館」がオープンした時の玄関の写真を偶然見つけました。私はその当時の写真を見て、「真新しい」と感じましたが、オープンから20年近く経た今の佇まいの方が、風情があっていいと感じます。歳月を積み重ねた「古くて新しい旅館」である「三水館」には、序章で説明した「増価主義」が実現しています。

地元の食材を使った「家庭田舎料理」でおもてなし

また旅館の評価を決める重要なポイントが料理ですが、「三水館」では料理人を雇わずに、滝沢さん夫婦とスタッフが、家庭菜園の野菜や信州の食材を使った「家庭田舎料理」を手作りしています。旅館で提供する料理の質を上げるために、滝沢さんの妻とスタッフは東御市に住んでいた料理研究家、山本麗子さんの料理教室に通っていました。また開業して間もない頃に、宿泊したお客様が「もっと食べ歩きをして、美味しいものを経験しなければいけない」とアドバイスをし、滝沢さんを美味しいお店に何度も連れて行ってくれたそうです。このようにして、滝沢さんは旅館で提供する料理の質や盛り付けを向上させることができました。

「三水館」の料理は『家庭画報』の「至福の温泉宿１００」で、「この冬に味わいたい名物鍋」に選ばれています。「三水館」の名物鍋は「松本一本ねぎ」を使った「ねぎ鍋」で、私も今回の事例調査のために宿泊した際、この「ねぎ鍋」を食べました。斜めに細く切った山盛りの「松本一本ねぎ」と豚肉の薄切りと豆腐が具材で、濃厚な味わいの出汁で食べる美味しい鍋料理でした。

「ねぎ鍋」に使われる「松本一本ねぎ」は、江戸時代に将軍に献上されたと伝えられる信州の伝統野菜で、一本の太いねぎが曲がっているのが特徴です。通常のねぎよりも半年以上長く栽培するので甘みがあって柔らかく、加熱するとトロトロの味わいになります。「松本一本ねぎ」の栽培契約をしている人が収穫時に入院したときには、滝沢さんが松本の畑に行って、代わりに収穫したこともあったそうです。

他の野菜は旅館に隣接する家庭菜園で、滝沢さんの義母が丹精を込めて作っています。その家庭菜園で採れた野菜を「Farm to Table」で提供するので、「三水館」の野菜料理は新鮮なだけでなく、野菜本来の味が強く、私が宿泊した時に食べた「春菊のおひたし」には、春菊らしい強い香りがありました。

「三水館」では、夏は千曲川の鮎、それ以外の季節は長野県の養殖魚であるシナノユキマスや信州サーモンが出されます。それらは長野県産ですが地元のスーパーで手に入る食材ではなく、滝沢さんは独自のルートで入手しています。

旅の雑誌に紹介され、予約が取りにくい人気宿に

古民家4棟を再生して木工作家のアート作品を飾り、ここでしか味わえない家庭田舎料理を提供することによって、「三水館」は予約が取りにくい人気宿になっています。宿泊料金は1泊2食付きで2万円弱、松本の呉服商の蔵を移築した特別室でも2万円台なので、「手が届く贅沢な宿」です。

開業直後は、なかなか認知されず集客にも苦労していましたが、ＪＴＢの『旅』という雑誌に紹介されたのをきっかけに、様々な雑誌から取材されるようになりました。特に『自遊人』には何度も紹介され、宿のコンセプトを理解する顧客が増えていきました。「三水館」は、4月から11月までの繁忙期の客室稼働率は約85％と高く、閑散期の冬季であっても約60％で、「予約がとりにくい人気宿」になっています。特にリピーター客の利用が約7割で、リピーター客の中には年に2、3度利用して定宿にしている人もいるそうです。

事例研究のまとめ

「三水館」が事例として優れている点は、以下の3点です。

①古民家4棟を移築して「里山の風景にあう、古くて新しい旅館」を造り、独特の世界観を形成していること

②丹精込めた自家菜園の野菜や珍しい地元の食材を使い、スタッフが料理を手作りしていること

③古民家を移築し、時を経て価値が増す「増価主義」の旅館で、家族経営のモデルケースであること

鹿教湯温泉で鉄筋コンクリート造りの大型ホテルであった「鹿教湯温泉ホテル東急」と「かんぽの宿　鹿教湯」は、今はいずれも大手投資ファンドが運営する「大江戸温泉物語」となっています。平日なら1万円を切る低料金となっており、カニ食べ放題などの豪華バイキングが人気です。

「三水館」名物の「ねぎ鍋」は、牛肉やカニなどの豪華な食材を使わないため、宿泊客の

中には「草鍋」と酷評したり、食事中に滝沢さんを呼びつけて「ヤギじゃないんだぞ」とクレームをつける客もいたそうです。「賛否両論」という有名和食店がありますが、「三水館」の料理も人によって評価が分かれるかもしれません。しかし「三水館」には、他では味わえない家庭田舎料理と4棟の古民家が醸し出す寛ぎの空間があり、それらが「三水館」を唯一無二な存在にしています。

コラム　「スノーモンキー」で地域活性化する長野県山ノ内町

この後、「スノーモンキー」で地域活性化をしている山ノ内町の旅館の事例を2つ取り上げますので、その前に「スノーモンキー」と湯田中・渋温泉郷の活性化について、このコラムで説明します。

東京駅から北陸新幹線に乗ると1時間30分で長野駅に到着します。長野駅で長野電鉄に乗り換え、約1時間で終点の湯田中駅に着きます。そこは長野県下高井郡山ノ内町で、湯田中・渋温泉郷と志賀高原のスキーリゾートを有する観光の町です。この山ノ内町の観光の目玉は、温泉とスキーと「地獄谷野猿公苑」です。そこには冬に温泉に入る野生の猿「スノーモンキー」がいて、世界中から観光客が訪れています。

「スノーモンキー」の存在が世界に知られるようになったのは、1970年に『ライフ』誌に紹介された写真がきっかけと言われています。その後も『ナショナルジオグラフィック』の1994年12月号の表紙に、雪玉を持った子猿の写真が掲載されて評判になり、1998年の長野オリンピック開催時にもスキー競技が行われた志賀高原の近くに棲む「スノーモンキー」を見に来る外国人観光客が増えました。

日本人から見ても「スノーモンキー」は微笑ましいのですが、外国人が見ると特に興味を引かれるようです。その理由は、外国人にとっては「猿は暑い地域に棲む動物」とされ、「雪深いところに棲む猿」が珍しいことや、「猿たちが温泉に入っている様子が擬人化されてユニークであること」だと言われています。確かに、寒冷地に棲む猿は少なく、また自然な状態で温泉に入る猿たちはこの山ノ内町の野猿だけと言われています。

さびれた温泉街が、外国人家族が浴衣を着て歩く賑わいに

私は２００６年６月の平日に湯田中・渋温泉郷に宿泊したことがあります。その時は本当にさびれた温泉街で、特に宿泊したのが平日でしたので、外湯巡りをしても他には誰もいない状況でした。ところが、本書の事例調査のため２０１８年に湯田中・渋温泉郷を２

度訪れると、多くの観光客が外湯巡りをしていました。また外国人の家族が全員浴衣を着て歩いていたりするなど、以前よりはるかに活気がある温泉街に変わっていました。これには、以下のような地域活性化の努力があったのです。

湯田中温泉で事業展開する「WAKUWAKUやまのうち」

湯田中温泉では、「All信州観光活性化ファンド」からの投資を受けた「株式会社WAKUWAKUやまのうち」が様々な地域活性化の投資活動をしています。「All信州観光活性化ファンド」は「地域経済活性化支援機構（REVIC）」と八十二銀行などの地元金融機関が出資した、12億円の投資ファンドです。

「WAKUWAKUやまのうち」は、湯田中温泉のメインストリートである「かえで通り」に集中投資し、廃業した旅館や店舗をリノベーションして、外国人観光客を意識したビア・バーやレストラン、ホステルを開業しています。そして、開業したビア・バーやレストラン、ホステルの運営に地元の若者を正社員として雇用し、会社のマネジメントは経営経験が豊富な「WAKUWAKUやまのうち」の役員が担当しています。つまり意欲がある若者が自ら資金調達ができるレベルになるまで、社員という立場でスタートアップの経営を実践的に学ぶことができるのが特徴です。この「WAKUWAKUやまのうち」方式は、山ノ内町の「地域づくり」だけでなく「人づくり」にも効果的で、地域の活性化や起業促進策として大変有効な方式であると私は思います。

こうした活動を評価されて湯田中温泉は、観光経済新聞が2018年に主催した「第32回にっぽんの温泉100選」において、地域活性化に努めている温泉地に贈られる「実行委員会特別賞」を受賞しました。受賞理由は、「地元施設の利活用、若手人材の育成などを通じて国内外の宿泊者の増加に取り組み、地域活性化を推進した」ことです。

「マーケット・イン」の発想を貫く「株式会社まちノベイト」

また山ノ内町の「株式会社まちノベイト」は、「地獄谷野猿公苑」一帯を「スノーモンキーリゾート」として海外向けにブランド化し、長野県北部地域で様々な観光事業を積極的に展開しています。同社は「地獄谷野猿公苑」の入り口近辺に、私設の観光案内所兼売店と飲食ができる「猿座《えんざ》カフェ」を運営し、湯田中温泉駅近くでもGOENというレストランを経営しています。同社代表の笠原崇広さんは外国人観光客のために、「猿座カフェ」のラーメンを鶏ガラスープにして宗教にかかわらず楽しめるようにしたり、冬の「地獄谷野猿公苑」はかなり寒いため防寒具をリーズナブルな料金で貸し出すなど、消費者の立場から本当に必要とされるサービスを提供する「マーケット・イン」の発想を徹底しています。笠原さんは長野市出身で、前職ではシンガポールで投資ファンドの仕事をしていました。シンガポール在住時に、シンガポール人が雪や温泉を楽しみに日本に行く際、北海道に行くことが多く、同じように雪や温泉が楽しめる長野県の魅力が伝わっていないと感じていたため、長野に戻って「株式会社まちノベイト」の仕事を始めました。

こうした様々な人たちの懸命な努力の結果、「スノーモンキーリゾート」である地獄谷野猿公苑の入場者数は２００７年には約10万人でしたが、２０１６年には2倍の約23万人にまで増加し、特に外国人観光客の入場者数は5倍以上になったといわれています。

CASE 7

一茶のこみち　美湯の宿（長野県山ノ内町）

現役客室乗務員の女将が積極営業、外国人観光客が年間数泊から6000泊に

湯田中温泉の「一茶のこみち　美湯《びゆ》の宿」の名物女将、斉須幸子《ゆきこ》さんはデルタ航空の現役客室乗務員です。斉須正男さんと2007年に再婚後、夫婦でハワイでの旅行代理店営業に力を入れた結果、同旅館の外国人観光客は年間数泊から約6000泊にまで急増しました。

夫の斉須正男さんは、志賀高原と湯田中温泉でホテル2軒を経営し、横手山・渋峠スキー場の再生事業にも取り組んでいます。夫婦ともに長野県の出身ではなく「よそ者」であり、また初めから資産を持っていたわけでもありません。夫婦で力を合わせて、湯田中温泉や志賀高原の活性化に取り組んできた事例を説明します（以下、斉須正男さんを斉須さん、斉須幸子さんを幸子さんとします）。

高校生のスキー修学旅行を広めた伝説の営業マン

斉須さんは「志賀高原での高校生のスキー修学旅行」を広めたパイオニア的な存在で、

志賀高原では「伝説の営業マン」として有名です。斉須さんは1945年に福島県で生まれ、埼玉県で育ちましたがスキーが大好きで、大学生の時は冬の間はずっと志賀高原でアルバイトとスキーをしていました。大学卒業後は商事会社に勤めましたが、やはり志賀高原でのスキー生活がしたくて1年で辞め、1968年に志賀パレスホテルに就職します。

斉須さんは、1970年代に高校生の修学旅行でのマナーが悪くなり先生たちが困っていることを知り、「志賀高原でのスキー修学旅行」を知人が勤めていた兵庫県の高校に提案しました。その高校が「志賀高原でのスキー修学旅行」の実施第一号となり、それ以降は関西の大手旅行会社と共同で、積極的に関西地方や九州地方の高校に営業し、「高校生のスキー修学旅行」は大ヒット企画となりました。

「高校生のスキー修学旅行」は平日に300人規模での宿泊となり、しかも学校行事として毎年継続されることが多く、志賀パレスホテルの収益に大きく貢献します。さらに1980年代にはスキーブームとなりホテルでの仕事は順調で、斉須さんはホテルのオーナー一族の女性と結婚しました。ところがオーナー一族との間に軋轢が生じ、斉須さんは20年間勤務した志賀パレスホテルを1988年に解雇されてしまいます。「オーナー一族にとって私の存在が邪魔だったのでしょうね」と斉須さんは言います。

有能な営業マンとして地元で知られていた斉須さんは、他のホテルや旅館からスカウトの声がかかります。そんな中、地元の金融機関から「競売物件になっている湯田中温泉のホテルを経営しないか」というオファーがあり、1989年にその金融機関から3億8000万円の融資を受けて「湯田中ビューホテル」の経営者となります。同じ山ノ内町内で志賀高原から湯田中温泉へと活躍の舞台は移りましたが、以前からの旅行代理店との強いつながりを活かし、春夏秋は観光客、冬は長野や新潟の湯治客を中心に集客して、「湯田中ビューホテル」を順調に経営していました。

ところがスキーブームが過ぎた1997年に、以前勤めていた「志賀パレスホテル」の経営状態が悪化したため、地元の銀行から斉須さんに「志賀パレスホテル」買収の打診がありました。斉須さんは悩んだ末に、その銀行から約4億円の融資を受けて古巣の「志賀パレスホテル」を買収し、山ノ内町内で2つのホテルを経営することになりました。

ハワイ在住の客室乗務員が信州の温泉旅館の女将に

幸子さんは1962年に生まれ、東京都港区で育ちました。大学卒業後は英語で日本文化を伝える仕事に就きたいという希望があり、国立劇場に就職します。その後は、英国への語学留学を経て米系航空会社に入社して客室乗務員になりハワイに居住します。そこでアメリカ人男性と国際結婚をし、一人娘を授かりました。その後に離婚を経験しましたが、ハワイに居住し引き続き客室乗務員の仕事を続けていました。

ある日、幸子さんはサイパン便に搭乗していた斉須さん（その当時は離婚して独身）に出会います。斉須さんは「ぜひ湯田中温泉に遊びに来てください」と軽い気持ちで幸子さんに名刺を渡したそうです。幸子さんの母親が大の温泉好きだったので、幸子さん一家が湯田中温泉を訪れ、それから家族ぐるみのおつきあいが始まりました。そして２００７年に斉須さんと幸子さんは結婚し、幸子さんは約20年間暮らしたハワイから長野県山ノ内町に一人娘と一緒に移住して、湯田中温泉で女将業を始めます。

客室乗務員の幸子さんが女将さんとして加わった「湯田中ビューホテル」では、１９９０年代前半のスキーブームや温泉ブームが去り、次の経営戦略を模索していました。斉須さん夫婦は「スノーモンキーと日本の伝統文化が楽しめる温泉旅館」というコンセプトで、収容人数２００人規模の鉄筋コンクリート造りの「湯田中ビューホテル」を全面リニューアルします。このリニューアルに当たっては、海外生活が長く、また米系航空会社の客室乗務員として接客業をしてきた、幸子さんの意見や経験が活かされました。

名称も「湯田中ビューホテル」から「一茶のこみち　美湯の宿」に変更しました。俳人の小林一茶は長野県北部の柏原（現・信濃町）出身ですが、湯田中温泉にもたびたび訪れたことから「一茶のこみち」とし、「湯田中ビューホテル」の温泉は100%かけ流しで、湯守をおいて温泉の質にこだわっていることから、「美湯の宿」とネーミングしました。

徹底的に外国人をターゲットに

斉須さん夫妻が最初に取り組んだのが、「日本にいる外国人」を顧客ターゲットとすることでした。まず横須賀の米軍キャンプの在留軍人とその家族向けに、「クリスマス休暇にスノーモンキーと温泉、日本文化を楽しむ」団体ツアーを企画しました。「スノーモンキー」が見られる野猿公苑への無料バス送迎をして、和太鼓の演奏や獅子舞などの日本文化を楽しむイベントも行い大変好評でした。

次に企画したのは来日する外国人観光客を増やすことです。幸子さんがデルタ航空の客室乗務員なので、フライト業務のある機会を利用して夫婦でハワイにある旅行代理店に「スノーモンキー」を売り込み、湯田中温泉への団体ツアーを営業して回りました。こうした営業努力を続けた結果、10年前には年間数泊だった外国人観光客が、2018年には年間約6000泊までに急成長しました。「一茶のこみち　美湯の宿」は、外国人観光客がよく利用するサイト「トリップアドバイザー」のトラベラーズチョイスで毎年上位に入るほど、外国人観光客に人気の宿になっています。

斉須さんは外国人観光客を増やすだけでなく、より安心感を持って温泉滞在を楽しんでもらうために、２００８年にニュージーランド人の男性を番頭として起用します。そのことが地元の新聞で紹介されると、「一茶のこみち　美湯の宿」での勤務を希望する外国人が増えました。現在はフィリピン人の女性スタッフが日本旅館での「おもてなし」を学んでいて、またハワイから板前修業に来ているアメリカ人もいます。宿泊業は人材の確保が難しくなっているので、外国人スタッフを積極的に雇用していることは、今後の旅館経営にとって重要な戦略だと思います。

日本最高地にある横手山・渋峠スキー場を共同買収して3件目の事業再生に挑戦

斉須さんは今、２０１８年7月に民事再生となった横手山・渋峠スキー場でリフトや食堂などを運営する「横手山リフト株式会社」の事業再生に、大阪府の会社と共同で取り組んでいます。横手山・渋峠スキー場は日本最高地にあるスキー場で、夏は雲海を、冬はパウダースノーや樹氷を楽しむことができるスキーリゾートです。

斉須さんに「横手山リフト株式会社」の事業再生に取り組んだ理由を聞くと、「私の他にやる人がいないので」と言います。斉須さんは70歳を過ぎても、さらに銀行から融資を受け、志賀高原のスキー場再生にエネルギッシュに取り組んでいます。

事例研究のまとめ

「一茶のこみち　美湯の宿」が事例として優れている点は、以下の3点です。

①ホテルの営業マンがオーナー経営者となり、志賀高原と湯田中温泉で3件の事業再生に取り組んでいること

②「スノーモンキー」を海外の旅行代理店に営業し、外国人観光客を年間6000泊まで増やしたこと

③外国人観光客のおもてなしのために、外国人スタッフを積極的に採用していること

斉須さんは、湯田中温泉の旅館と志賀高原のホテル、そして横手山・渋峠スキー場の3つを経営しているので、ほとんど休日はありません。また幸子さんは客室乗務員としてのフライトが終わるとすぐに湯田中温泉の旅館に戻り、女将業を始めます。幸子さんはデルタ航空と年間540時間のフライト乗務を契約しており、「スノーモンキー」目当ての外国人観光客が多い冬はできるだけフライトを抑えて、夏場に集中して「飛ぶ」のだそうです。そして幸子さんはハワイに仕事で行く際には、現地の旅行代理店の営業活動を積極的

に行っています。夫婦とも仕事が大好きで、湯田中温泉と志賀高原の活性化に尽力し、そしてお互いを尊敬している「事業家夫婦」なのです。

CASE 8

小石屋旅館（長野県山ノ内町）

「温泉なしの旅館」が温泉街に賑わいをもたらす

元証券会社のトレーダー

長野県山ノ内町の渋温泉にある「小石屋旅館」を経営する石坂大輔さんは1980年に生まれ、埼玉県で育ちました。旅行が大好きで大学在学中は1年間休学して、ヨーロッパ各国と韓国・中国・モンゴルをバックパッカーとして旅したそうです。

石坂さんは、大学卒業後に証券会社でトレーダーの職についていました。「いつかは旅館を経営してみたい」という夢を持っていたものの、トレーダーとして実務経験を積んだ後は、地中海にあるモナコ国際大学に留学し、大学院の修士課程で最先端の金融工学を学びました。

帰国後は星野リゾートに入社、長野県大町温泉郷にある高級旅館「界 アルプス」に配属されました。石坂さんは大町市に移住して車で通勤しますが、通勤時間は10分ほどでドライブ通勤途中の景色も素晴らしく、長野県での暮らしの豊かさにカルチャーショックを受けたといいます。石坂さんはその後、東京にある星野リゾートのマーケティング部門に異動になりました。

競売で300万円台で落札した「温泉なしの築80年以上の旅館」

石坂さんは「インターネットで裁判所の競売物件を見るのが趣味」だったそうで、2014年初めに長野県山ノ内町の渋温泉にある「小石屋旅館」が300万円台で売りに出されていることを偶然見つけました。石坂さんは山ノ内町に行ったことはなかったのですが、星野リゾート勤務時代に「軽井沢の『星のや』に滞在している外国人観光客の中には、タクシー代7万円をかけて山ノ内町のスノーモンキーを日帰りで観に行く人がいる」ということを聞いていました。また山ノ内町には志賀高原があり、ウインタースポーツを楽しむ客の需要も見込めることから、「小石屋旅館」の落札購入を真剣に検討し始めました。

競売物件の「小石屋旅館」は昭和3（1928）年創業の老舗旅館で、2013年まで渋温泉で経営していて、土地は約120坪、建物は約300坪（約1000㎡）でした。旅館を廃業した後も持ち主が定期的に空気の入れ替えや掃除をしていて、建物はいい状態だったそうです。ただし渋温泉では「温泉の所有権は物件ではなく個人にあり、旅館の持ち主が変わったら渋温泉からの温泉供給はなくなる」ということが競売の情報でも明記されていました。

石坂さんは、２０１４年2月の大雪の日に渋温泉を訪れました。競売物件は中に入れないので、外からのぞくと内装もいい感じで保存されており、近所の旅館や商店の人にさりげなく「小石屋旅館」のことを聞いてみると、評判も良かったそうです。木造3階建ての建築物は今の建築基準では新たに建てることはできないので文化的な価値があることや、この旅館を再興して湯田中・渋温泉全体の地域活性化にも貢献したいという想いもあり、石坂さんは「小石屋旅館」の購入を決意します。

渋温泉には地元の旅館組合が管理する9つの共同浴場があり、渋温泉の宿泊客だけがその外湯巡りをすることができます。石坂さんは購入する「小石屋旅館」に温泉がなくても、渋温泉の旅館組合に加入すれば、宿泊客が外湯巡りをすることができると考えていました。また「スノーモンキー」目当ての外国人観光客は、温泉街の雰囲気は楽しみたいと思っていても、人前で裸になるのを嫌がることが分かっていたので、旅館にはシャワー設備だけでいいと思っていました。

救いの手を差し伸べてくれた老舗旅館に英語対応サービスで恩返し

石坂さんは旅館のリノベーションの時期に、渋温泉の旅館に一軒一軒挨拶回りをしました。そして「再開する『小石屋旅館』の宿泊客に、渋温泉の外湯を使わせてもらえないか」とお願いしました。ところが「渋温泉の旅館組合には新規参入の規約がない」と言われ、結局旅館組合には加入できず、「小石屋旅館」の宿泊客は渋温泉の外湯を使えないことになりました。

「東京から来た若い人が再開する『小石屋旅館』が、外湯を使えないらしい」と聞いた湯田中温泉の「よろづや」が、「うちの温泉に入りに来てもいいですよ」と救いの手を差し伸べてくれました。「よろづや」は、湯田中温泉にある老舗高級旅館で、国の登録有形文化財に指定されている豪華な木造建築の「桃山風呂」を持っています。私も「小石屋旅館」に宿泊した際に、「桃山風呂」を利用したのですが、映画「千と千尋の神隠し」に出てくるようなゴージャスな木造建築のお風呂でした。

「小石屋旅館」の石坂さんは、このような大恩がある「よろづや」になんとかお返ししたいと思い、得意の英語力を活かして「よろづや」の外国人客の対応を引き受けたり、スタッフの募集などにも協力しています。

現在では、「小石屋旅館」は渋温泉旅館組合への加入が認められ、宿泊客の外湯巡りができるようになりました。

約2000万円でできた旅館のリノベーション

石坂さんは競売で「小石屋旅館」を落札しましたが、築80年以上の旅館をどのようにリノベーションするかが問題になりました。古い旅館のリノベーションはどこまでするかという見極めが難しく、設計士や建設会社の言いなりになってしまっては予算がいくらあっても足りません。

長野市の善光寺近辺には、空き家になった店舗や家屋をカフェやシェアオフィスにする活動があります。石坂さんは、その活動をしている同世代のデザイナーの太田伸幸さんと親しくなり、温泉街の活性化を目指す「小石屋旅館再生プロジェクト」が立ち上がりました。このプロジェクトに賛同した設計士や大工が、熱意をもってリノベーションに参画してくれたことは本当に幸運でした。石坂さんは2000万円を借り入れ、人が集うカフェを中心にリノベーションしました。

「いい建築というのは、大勢の人が一生懸命つくる建築」と長野県茅野市出身の藤森照信東大名誉教授は『住み継ぐ家の物語』という本の中で語っています。「小石屋旅館」のホームページにある「小石屋旅館再生プロジェクト」という動画を観ると、石坂さんの仲間たちが渋温泉街再生への熱い想いを持って、新しい「小石屋旅館」を一生懸命に作ったことがよくわかります。

実際に私も「小石屋旅館」に泊まってみたのですが、塗り壁や欄間などの昭和の木造建築の良さはそのまま活かし、水回りは気持ちよく使えるようにリノベーションされています。窓は昭和のままの木枠で、最新の二重ガラスなどにはしていません。そして各部屋もすべて畳のままにしてオープンしました。

リノベーションでは、1階の奥にあるかつての旅館の大広間を居心地の良いカフェにすることが主目的でした。コンテナ輸送に使われた木材を譲り受けて床材に利用すると、コストが削減できただけでなく、とてもおしゃれな雰囲気のカフェになりました。

渋温泉には旅館はたくさんあっても、気軽に飲食できるカフェがほとんどありませんでした。石坂さんは「旅館は宿泊した人だけが入れる場所でしたが、『小石屋旅館』のカフェは宿泊客だけでなく、観光客も温泉街で働く人も、気軽に利用して欲しいと思います」と語ります。

「小石屋旅館」のネーミングやロゴに込められた想い

石坂さんは、旅館の名前はそのまま「小石屋旅館」を名乗ることにしました。「小石屋旅館」は2013年に廃業するまで80年以上の歴史がある旅館ですし、名前もかわいらしく一度聞いたら記憶に残ります。『小石屋旅館』を経営する石坂さん」なので、語呂もよ

「小石屋旅館」のロゴ

く、良いネーミングだと思います。

「小石屋旅館」のロゴは、前述のデザイナーの太田さんにお願いしました。「小石屋旅館再生プロジェクト」の動画の中で、太田さんがロゴに込めた想いを次のように語っています。

「『調和』とか『地域の和』という意味合いで、リング状にしました。また小石の数は32個ですが、これは新しい『小石屋旅館』を含めた渋温泉の温泉旅館の数です」

泊食分離で外国人観光客を集客

一般的な旅館は1泊2食が基本ですが、「小石屋旅館」では「泊食分離」といって素泊まりが基本です。外国人観光客は、必ずしも旅館で和食のフルコースを食べたいと思っているわけではなく、できるだけ安く長い期間泊まりたいという人もいます。２０１５年８月から営業を開始した「小石屋旅館」には、個室やグループルームの他にドミトリーもあり、格安な料金で泊まれるようになっており、朝食や夕食はカフェで好きなメニューを別料金で食べられるようになっています。

エスプレッソマシーンを備え、本格的な珈琲も提供しているカフェ

カフェには本格的なエスプレッソマシーンを設置して、おいしいエスプレッソやカフェラテが提供できるようにしてあります。食事のメニューはピザやパスタが中心で、さらに長野県の地酒や県産のワインやビールも提供しています。朝食にはフランスパンを使ったサンドイッチを用意するなど、外国人観光客や若いファミリー層の嗜好にあったメニューを心掛けたとのことです。

客室にはテレビや冷蔵庫はなく、トイレとシャワーは共同です。冷蔵庫は共有スペースに用意されているので、利用したい人は冷蔵庫にいれるペットボトルなどに自分の名前を記入して利用します。昔ながらの日本旅館の良さを活かしながらも、ゲストハウスの簡略さを取り入れて、無理のない旅館経営をしています。石坂さん自身が海外をバックパッカーとして旅行した経験や留学経験があり、「小石屋旅館」にはその経験を生かした「過剰ではない、適度なおもてなし」を随所に感じます。

温泉街全体の英語対応と予約管理運営をサポート

石坂さんは渋温泉の他の旅館の英語対応サポートと、宿泊サイトの登録などに関する予約管理運営事業も請け負い、サイト経由の売上に対して一定の手数料を受け取っています。温泉街の旅館の中にはパソコンがあまり得意ではなく、楽天トラベルやじゃらん、ブッキング・ドットコムといった宿泊サイトへの登録ができない旅館があります。石坂さんは単なるサイトへの登録作業だけでなく、宿泊プランのパッケージ内容や料金設定などについても、具体的なアドバイスをしています。

石坂さんは、「湯田中・渋温泉郷全体で、ひとつのテーマパークだと思っています。ですから、私がこの温泉街の活性化のためにできることは何でもしたいと思います。外国人のお客様と英語でのコミュニケーションに困っていたら、近くですのですぐに助けに行きます」と語ります。

「年に1か月間はバカンス」という新しい働き方

「小石屋旅館」は２０１５年8月に開業し、宿泊ポータルサイト経由で予想以上に集客でき、順調なスタートを切ることができました。初年度こそ稼働率は40％でしたが、次年度からは60％近くになっており、今後はさらに稼働率を高めていきたいと石坂さんは言います。また最初は石坂さんを含めてスタッフ４人で始めて、次年度からは８人体制となり、ピークシーズンは12人で旅館業務を行っています。担当する業務を固定せずに、基本的にマルチタスク制にし、すべてのスタッフがどの業務もこなせるようにしています。

さらに「小石屋旅館」では毎週火曜日と、6月を1か月間、休みにしています。6月を休みにするのは、スタッフにバカンスをとってリフレッシュして欲しいということからですが、実は「スノーモンキー」で賑わう12月から2月までは週一回しか休みがとれないので、その埋め合わせということもあります。

社会人になると「年に1か月の休みが取れる職場」というのはほとんどないので、そういう働き方を希望する人がスタッフとして働いています。実際に「小石屋旅館」のスタッフは1か月の休暇中、世界を放浪する人が多く、またそうした海外経験が旅館業務に役立ちます。

将来、旅館経営をやってみたい人は、まず週末勤務から始めてみるといいと思います。一部の会社が副業を認めるようになっていますし、旅館側としても週末が特に忙しいので、週末に温泉旅館に来て働くスタッフは歓迎されることでしょう。

事例研究のまとめ

「小石屋旅館」が事例として優れている点は、以下の3点です。

①温泉街や「スノーモンキー」という地元資源を活かして、外国人観光客を効果的に集客していること
②旅館という形態でドミトリーやカフェを提供し、顧客の要望に合ったサービスを用意していること
③英語対応や予約システムで他の旅館のサポートをし、湯田中・渋温泉郷の活性化に貢献していること

他の旅館への様々なサポート活動に加え、石坂さんは有料職業紹介事業もやっていて、学生向けに「やまのうちインターンシップ」を主催しています。これは毎年春と秋に募集し、説明会や選考過程を経て、夏休みと春休みに学生が山ノ内町の温泉旅館で実習し、旅館経営を学ぶものです。参加者は、その後に山ノ内町の旅館で働く可能性があり、このプ

ログラムは人材確保にもつながっています。また石坂さんは各地の旅館組合などにセミナー講師としてよばれて、「どのようにして外国人観光客を集客し接客するか」について講演をしています。石坂さんが温泉街インターンシップの実施や講演会で外国人観光客への対応を広くシェアしているのは、旅館業界にとって有意義な取り組みだと思います。

また石坂さんは、今後、湯田中・渋温泉郷で「旅館の運営を任せたい」ということがあれば、ぜひ引き受けたいそうです。これは星野リゾートと同じ経営方針ですが、所有と運営を切り離して、「旅館の所有はそのままで、運営を委託する」という形です。旅館の事業承継がタイミング的にうまくいかなくても、旅館の所有権は手放さずに運営を任せられるという選択肢があるのは素晴らしいと思います。また運営側も出資せずに、同じ温泉街内で運営施設が増えるのは効率的です。このように日本の温泉旅館が生き残るために、「所有と運営の分離」は今後有効な手段になると思います。

コラム「資金調達」をどうするか

未上場会社の資金調達には、銀行などからの「融資」と、経営理念に賛同してくれる人からの「出資」という2つの方法があります。前者は借入なので返済義務があり、後者は出資なので返済義務はありませんが、出資者は株主として会社の持ち分（エクイティ）を所有し、会社は配当を株主に還元しなければなりません。

本書で取り上げた16事例のうち、融資に苦労した事例は長野県上田市鹿教湯温泉の「三水館」（第二章）と「京和傘日吉屋」（第四章）です。「三水館」は無借金経営に加えて自己資金が４０００万円もあったのですが、新しく4棟の古民家を移築再生するのに約２億円の資金が必要でした。地元の金融機関の担当者は協力的でしたが融資総額は１億４０００万円が上限と言われ、あと２０００万円が不足していました。その際に親戚の大学教授から「公定歩合より１％高い金利と宿泊料半額という特典をつけて友人や知人から借りたらどうか」とアドバイスされ、20名の友人や知人に事業計画書を見せて融資を頼んだところ、６名から合計２０００万円の融資を受けることができました。この２０００万円の借金は、代替わり後5年ほどで返済したそうです。

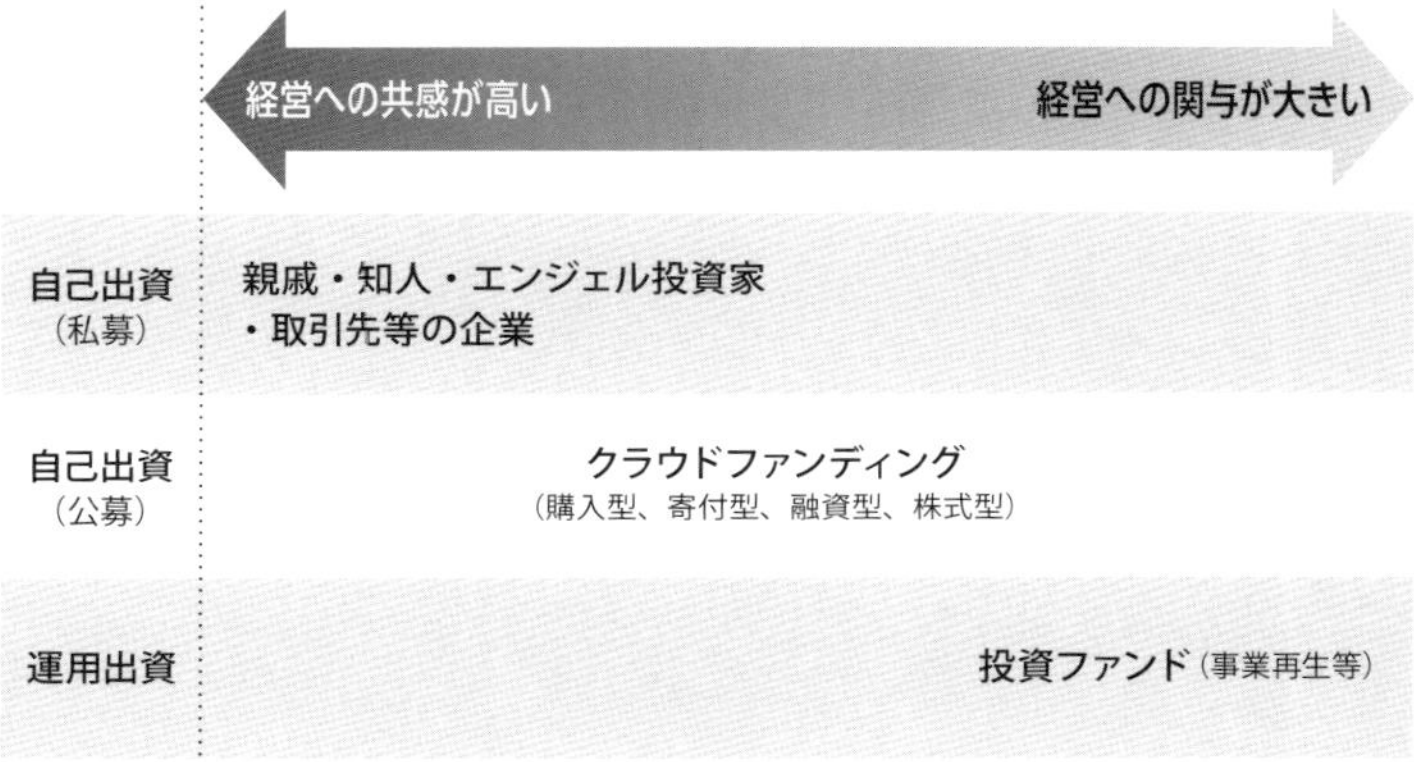

廃業寸前の「京和傘日吉屋」を再興した西堀耕太郎さんは、和傘の開閉技術を応用したデザイン照明の技術開発のために、地元の金融機関に１００万円の融資をお願いしても断られたそうです。西堀さんは自分の退職金や貯金から開発費を捻出したり、ネット通販で１円でも多く売上が上がるように努力しましたが、最後は親戚に頭をさげて借金をして苦境を乗り越えました。

また出資を受ける場合、未上場会社には上図のような手段があります。出資の場合、まず親戚や知人から出資を受けることが多く、最近はエンジェル投資家から出資してもらうこともあります。また最近流行りの「クラウドファンディング」は、日本では事業支援の要素が強い「購入型」「寄付型」が多いのですが、本来のクラウドファンディングには「融資型」や「株式型」もあります。ちなみに「クラウドファンディング」の「クラウド」は、群衆を意味するcrowdのことで、雲を意味するcloudではありません。実際にクラウドファンディングは、インターネットを通じてcrowdに公募されることがほとんどです。

投資ファンドとは、特定の事業に投資をすることを目的として資金を集め、その資金を運用する母体です。ベンチャーキャピタルは、スタートアップ企業に投資して上場などによって利益の回収を目指す投資ファンドです。例えば「大江戸温泉物語」では温泉旅館の事業再生のために、投資ファンドが資金面でも経営面でも関与しています。

本書で取り上げた新規起業の事例でも、資金調達の手段は様々です。「日本酒応援団」(第一章)はエンジェル投資家から出資を受け、「小石屋旅館」(第二章)は、日本政策金融公庫から1800万円の無担保・無保証の融資と地銀から200万円の融資を受けて旅館のリノベーションを行いました。また「エムスクエア・ラボ」(第三章)は2009年に自己資金で起業し、3年後に日本政策投資銀行の第1回DBJ女性新ビジネスプランコンペティションにて大賞を受賞して1000万円の事業資金を獲得しました。その後2015年には静岡県の有力企業であるスズキと鈴与の子会社からの出資を受けましたが、この2社の出資によって地元での信用力が高まったそうです。「和える」(第四章)は、学生対象のビジネスコンテストで得た150万円で2011年に起業し、2015年に第4回DBJ女性新ビジネスプランコンペティションで大賞を受賞して1000万円の事業資金を得ました。「和える」はさらに2017年に、日本で初めて創設された「日本ベンチャー・フィランソロピー基金」（以下JVPF）から総額3000万円の出資を受けて協業していくことになりました。「和える」が出資を受けた理由は、JVPFが財務リターンではなく、社会的インパクトを投資のリターンとして目指しているからです。「和える」はJVPFからの出資によって事業の成長スピードを速めて、さらに大きな社会的インパクトを目指すことができます。このように新規起業の場合、どのような形で資金調達するかは、事業の形態や経営者の判断によって異なります。

本書に登場する経営者には、いずれも「稼ぐ力」「貯める力」「借りる力」が備わっていて、これらは実際に事業を継続していくために必要な資質です。逆に「退職金も貯金もない」「誰からも融資を受けられない」という状況ならば、起業する前にまず働いて社会人経験を積み、「稼ぐ力」「貯める力」「借りる力」を培う方法もあります。事業をするというのは「常に人を説得する」ことですので、資金調達力も重要な経営力の一つなのです。

第三章

農業——ブランド化やＩＴ化で６次産業化を実現する

農業は高齢化が進み後継者が不足している衰退産業で、「3K（きつい、きたない、かっこ悪い）の業種」とも言われます。この章で取り上げる「みやじ豚」の宮治勇輔さんは、これに「くさい、稼げない、結婚できない」の3つを加えて「6K」になっているといいますが、これからの農業を「新しい3K」（かっこよくて、感動があって、稼げる）の業種にしていきたいと語っています。

農業で注目されていることは「6次産業化」です。農産物を生産する（1次産業）だけでなく加工する（2次産業）、そして販売する（3次産業）を足し合わせて「6次産業化」、農産物の生産者が自分の生み出す商品の付加価値を高めていくというコンセプトです。生産者が消費者に農産物を届けるまで一貫してプロデュースすることは理想的ですが、一番難しいのが最後の「販売」のプロセスだと思います。

「実家の農業を継ぐ」と言うと、「やめておいた方がいい」と周りから言われることも多いと思いますが、その壁を乗り越え、志を持って「6次産業化」や「ブランド化」を進め、「志農工商」を実現している4つの事例を研究します。

CASE 9

農業生産法人　こと京都株式会社（京都府京都市）

伝統野菜の九条ねぎに特化、ブルー・オーシャン戦略で年商10億円

京都の伝統野菜である九条ねぎは、今でこそ関東のスーパーでも買うことができますが、以前は関東ではほとんど見ることはなかったと思います。私は関東育ちなので、ねぎは「薬味」で白い部分しか使わず、青い部分はほとんど捨てていました。九条ねぎはいわゆる「葉ねぎ」で青いところがメイン、京都では九条ねぎは「薬味」としてだけでなく「青菜」として扱われ、炒め物にもしたりするそうです。

「農業生産法人　こと京都株式会社」は、京都の伝統野菜である九条ねぎに特化して、生産、カット加工、販売までのシステムを確立して６次産業化を達成しています。現在ではさらに、国産ねぎや京野菜の販売プラットフォームを形成するところにまで至っています。

優秀な営業マンが実家の農業を継ぐ

「こと京都」代表取締役の山田敏之さんは、京都市伏見区にある農家の３人兄弟の次男として１９６２年に生まれました。大学在学中はディスコやバーの店員や新聞配達、モデル

など様々なアルバイトをして社会勉強を重ね、卒業後はアパレル会社に入社しました。28歳の若さで課長になり、年商15億円規模の事業部を任されて優秀な営業マンとして活躍、結婚して子供にも恵まれ順調なサラリーマン生活を送っていました。

ところが31歳のときに、実家の母親が交通事故で瀕死の重傷を負い、長期入院を余儀なくされます。その際、実家を今後どうするかについて兄弟3人で話し合いました。兄は念願の中学の教師になっていて継ぎたくない、弟は独身で実家の家事は負担できないということで、結局次男である山田さん夫婦が同居して、実家の農業を継ぐことになりました。サラリーマンをやめる時には、「農業なんて儲からないから、やめといた方がいい」と周りからさんざん忠告されたそうです。

農家あるある「親父と毎日けんか」

そして翌年、サラリーマンをやめて実家の農業を父親とすることになりました。京都市伏見区の実家は1ヘクタールの田畑に米、キャベツ、大根、九条ねぎなどの少量多品種生産をしていました。毎日休みなく2人で働いて年商は400万円、最初に支給された月給はわずか10万円でした。

「農業をやるからには年商1億円の農家になりたい」という野望をもって就農した山田さ

んは、悩みぬいた上で「通年栽培が可能な九条ねぎに特化する」ことを父親に提案します。父親は「九条ねぎに一本化してはリスクが高すぎる、今の少量多品種生産が一番」と大反対します。それからは農家によくある話ですが、「親父と毎日けんか」という状態だったそうです。

九条ねぎに特化した理由

九条ねぎは、平安京以前から作られていた記録があり、最も古い京野菜と言われています。そして今でもそれぞれの農家が家に伝わる独自の九条ねぎの種を持って栽培しています。九条ねぎは通年栽培が可能という利点があるだけでなく、農家がそれぞれ独自の九条ねぎを栽培できるという点で、差別化しやすい商材だったのです。

山田さんは京都市中央卸売市場に日参して、九条ねぎの市場での値付け（プライシング）を研究します。その結果、「東京に出荷される〝出世葱〟は色が濃く細身で長さ70センチの大束で高値になること」と、「市場に任せていると、ねぎの値段は需給により大きく変動すること」を学びました。

「九条ねぎ一本化」に反対する父親をなんとか説得し、家に伝わる九条ねぎの種の中から市場で勝負できそうな種を教えてもらい、それを栽培して出荷すると、市場でも一定の評価を得られるようになりました。また前職の上司が野菜販売の会社を紹介してくれたこともあり、就農3年目にして年商は1600万円になりました。この時点で山田さんの父親は「これで、うちも安泰」と喜んだそうです。わずか3年で年商が4倍になり、一般的な農家の年商としてはこれで十分な額かもしれませんが、山田さんはサラリーマンをやめた以上、なんとしても年商1億円にするべく、次の策を考えます。

九条ねぎ農家から、ねぎの加工業へ

京都の農家は北海道の農家と違い、作付面積に限りがあります。九条ねぎを通年でどんなに効率的に栽培したとしても、作付面積の上限によりとても1億円には到達しないことを悟った山田さんは、九条ねぎのカット加工への参入を考えます。業界関係者にリサーチしたところ、京都には「ねぎ屋」と呼ばれるねぎのカット加工業者が約100軒もあり、そのうち上位5軒は売上1億円以上に達しているらしいということがわかりました。

九条ねぎ農家が自らカット加工業に参入すれば、より鮮度のよい九条ねぎを、より安く提供できるようになります。しかし、農作物の栽培と加工まではなんとか自分たちの努力でできても、その先には「どこにどうやって販売するか」という一番難しいマーケティングの壁が待っていました。

ブルー・オーシャン戦略で東京のラーメン店を開拓

　ある日、山田さんは『最新！最強！究極のラーメン２００２マジうま５００軒』という雑誌を本屋で偶然見つけ、「このラーメン本に紹介されている東京のラーメン店に、カット加工した九条ねぎを営業に行こう」と決意します。

　雑誌を頼りに土地勘のない東京のラーメン店に１軒１軒飛び込み営業すると、「京都の農家さんがわざわざ営業に来てくれた」と好意的に受け止めてくれる店も多く、また九条ねぎが強い香りで味も良い差別化された商品だったため、10軒中３軒程度から受注できました。これは山田さんの前職アパレルでの営業経験（25件の訪問で１件が成約）よりも確率が高かったそうです。それでも10軒中７軒には断られるわけで、営業経験がない農家だったら途中でイヤになっていたかもしれません。

　当時は九条ねぎのような青いねぎが映える豚骨ラーメンがブームであったことや、チェーン店の一つが契約してくれると他のお店も契約してくれたことなどもあって、２年間で３００軒もの新規顧客を獲得できました。その後も博多とんこつラーメンの有名店「一風堂」に採用されて順調に業績を伸ばし、ついに目標の「九条ねぎだけで年商１億円」を達成することができたのです。

山田さんは、すでに競合相手がひしめいている「レッド・オーシャン」である京都のねぎ屋市場ではなく、九条ねぎがまだよく知られていない東京のラーメン店市場という「ブルー・オーシャン」を開拓したのです。そして香りや味の点で差別化できる九条ねぎ一本に特化したことや、九条ねぎとの相性がいい「豚骨ラーメン店」を主な販売ターゲットとしたことが成功要因です。

こうして山田さんは、九条ねぎという京都のローカルな食材を、特定のターゲットに効率よく販売するという「販売力先行型の農業」を行い、「農業の6次産業化」と「地産外商」を見事に達成しました。そして2007年に会社を株式会社化して、社名を「こと京都」にしました。

2008年1月、中国産の冷凍餃子による食中毒事件が起き、食の安全が大きく注目されました。この事件をきっかけに中国産食品に対する信頼が大きく揺らぎます。当時の「こと京都」の年商は3億円でしたが、「安全・安心・おいしい国産の九条ねぎ」が改めて注目され、売上を大きく伸ばすきっかけになりました。

2013年にも大阪の有名ホテルで食品偽装事件が起き、またもや食に対する信頼性が大きく揺らぎます。山田さんは取引先に積極的に産地証明を提供して、「正真正銘の京都産の九条ねぎ」であることを強調した結果、新たに全国チェーンの居酒屋やファミレス、スーパー等との取引が始まり、さらに売上が増加しました。

「九条ねぎ」「国産ねぎ」「京野菜」の生産・加工・販売プラットフォームを形成

ねぎの農作業は「畑４割、調整６割」と言われ、収穫後に形を揃えてきれいに洗浄して袋詰めする「調整」という加工工程がとても重要で、特にスーパーに納品する際にはこの加工工程が適切かどうかチェックされることがあるそうです。そこで山田さんは九条ねぎの生産者三十数名と「ことねぎ会」という生産者組織をつくって計画的にねぎを生産し、「こと京都」が２０１０年に立ち上げたＨＡＣＣＰ《ハサップ》対応の加工場で集中処理して出荷する仕組みを作りました。

一方、ある大手外食チェーンから「ねぎの仕入れ値を今より2割下げてくれませんか？国産でなくても構いません」という要望を受けます。国産の九条ねぎ専門の山田さんはこの要望には応えることができず、結局この大手外食チェーン分の売上を失うことになりました。

このように、日本のねぎ市場では生産者の規模が小さいため、買い手の力が強い状況にあります。それを打破するために、山田さんは２０１４年に国産ねぎ専門の商社、「こと日本」を立ち上げます。「こと京都」は九条ねぎ専門、「こと日本」は国産ねぎ専門として、事業を棲み分けることにしたのです。九条ねぎよりも割安な国産のカットねぎはニーズが高く、全国各地で生産者とのタイアップも進み、順調に業績を伸ばしています。

さらに山田さんは京野菜を冷凍して通年で提供する「こと京野菜」という会社を立ち上げます。この会社は冷凍技術に定評がある岩谷産業株式会社と合弁で設立し、農林漁業成長産業化支援機構の官民ファンドの支援も受けています。岩谷産業の技術を使えば、冷凍野菜も解凍時にほぼ生鮮状態に戻るのだそうです。聖護院だいこん、鹿ケ谷かぼちゃ、堀川ごぼうといった京都の伝統野菜は、旬が短く京都の一部の高級料亭にしか出されなくなっていますが、流通量が少ないので販売単価が下がり、そうなるとますます作られなくなっていくという悪循環に陥っていました。それを最新の冷凍技術で加工して保管し、通年で京野菜を楽しめるようにするのが「こと京野菜」の設立目的です。

京都の会社にとって大事なこと

「これから御社の向島工場を見学し、またお米の『八代目儀兵衛』や『京和傘日吉屋』を訪問します。この本を書くにあたっていろんな事例を調査したのですが、やはり京都の会社というのは特徴があって強い存在感がありますね」と私が話すと、山田さんは「京都では、会社の売上高とか関係ないんですよ。京都で一番大事なことは、『何年続けているか』

という『年数』です。それが会社の『価値』なのです」と説明してくれました。今の売上だけでなく、次世代につながっていく正しい商売をすること、それが京都の会社の強さなのだと共感しました。

事例研究のまとめ

「こと京都」が事例として優れている点は、以下の３点です。

①「少量多品種生産」からローカルな強みがある「九条ねぎ」に一本化し、ねぎ加工業に進出したこと
②ブルー・オーシャンである東京のラーメン店へ集中営業し、効率的な「販売力先行型農業」を実現したこと
③「九条ねぎ」の生産から「国産ねぎ」や「京野菜」の生産・加工・販売プラットフォームに発展させたこと

美味しい農作物を作る人はいても、販売を効率的にできる人は少ないのが実情です。特に生鮮品である野菜の販売は時間との勝負もあり、効率的な販売ができることが成功のキ

ーポイントになります。優秀な営業マンだった山田さんは、販売力を活かして「こと京都」（九条ねぎ専門商社）、「こと日本」（国産ねぎ専門商社）、「こと京野菜」（冷凍京野菜の専門商社）という３つの生産・加工・販売プラットフォームを立ち上げました。こうした功績が認められて、２０１３年に「第１回６次産業化推進シンポジウム」で農林水産大臣賞、また２０１４年には「京都創造者大賞」企業部門を、また２０１７年には「全国農業担い手サミット・全国優良経営体表彰」６次産業化部門で農林水産大臣賞を受賞しています。

山田さんは今後の経営課題として、「ねぎの安定供給をすることが一番大切」と言います。その理由は、お客様に安定的にねぎを供給することで、信頼を得て価格が安定するからです。もし安定供給できない場合には、価格がより安い中国産のねぎに切り替わってしまい、それをまた取り戻すのは大変なのです。とはいえ農業は天候次第、特に最近は災害レベルの豪雨も各地で頻繁に起きます。それだからこそ、「こと日本」を立ち上げて、全国規模のねぎ農家の生産・加工・販売ネットワークを確保しているのです。

CASE 10 株式会社みやじ豚（神奈川県藤沢市）

バーベキューで6次産業化、豚のブランド化で家業をイノベーション

ベンチャー起業を目指す青年が養豚業の可能性に目覚める

「株式会社みやじ豚」代表取締役の宮治勇輔さんは神奈川県藤沢市で養豚業を営む農家の長男として、１９７８年に生まれました。子供の時から「養豚業は継がない」と公言していて、湘南藤沢キャンパスにある慶應義塾大学総合政策学部を卒業後、大手人材会社のパソナに入社しました。宮治さんは学生時代からベンチャー起業を目指していて、パソナで様々な新規プロジェクトに携わりながら、経営書を読み漁る毎日でした。

そのうちに農業のことが気になり始め、農業関係の本を読み進めていくと、日本の農業の経営上の問題点に気づきます。宮治さんの実家の豚肉でバーベキューを開催すると、すごくおいしいと友人たちには好評なのですが、市場に出荷してしまうと他の農家の豚肉と一緒に売られて差別化されず、価格決定権もありません。宮治さんは農家が生産から販売まで一貫して携わることによって、こうした問題は解決するのではないかと考え、パソナを退社して実家の養豚業を継ぐことにします。

農業を「かっこよくて、感動があって、稼げる」3K産業に

宮治さんは農業が「きつい、きたない、かっこ悪い、くさい、稼げない、結婚できない」の6K産業になっていたと言います。それは前述のように農家が生産して出荷するところで終わっていたからで、生産から流通まで一貫して関われればもっと魅力的な産業になると思うようになりました。そして「農業を『かっこよくて、感動があって、稼げる』3K産業に」というビジョンを打ち立てます。

宮治さんが実家を継ぐことを決めた時、明治大学農学部を卒業した弟がすでに養豚業を父と一緒にやっていたので、一度は反対されました。そのため、宮治さんは父と弟が生産した豚に「みやじ豚」という名前をつけ、「みやじ豚のプロデューサー」として、流通の経路を変えて直販できる体制をつくることにします。

当時は知名度ゼロの「みやじ豚」を知ってもらうために取り組んだのが「みやじ豚のバーベキュー」です。最初は月1回の開催で30人規模から始めました。その時のプロモーション手段は友人や知人へのメールによる告知だけでしたが、徐々にそのおいしさが口コミで広がり、今では月2回、1回あたり100人規模で開催できる事業に成長しています。

バーベキューイベントでファンづくりと6次産業化を実現

神奈川県藤沢市郊外にある、慶應義塾大学の湘南藤沢キャンパスに近いところで、「みやじ豚」のバーベキューイベントがあり私も参加しました。バーベキューは天候に左右されないように果樹園の大きなビニールハウスで行われ、おいしい「みやじ豚」のロース肉・バラ肉・モモ肉を季節の野菜と一緒に焼いて味わうことが出来、最後は焼きマシュマロも楽しむようになっています。参加者はあらかじめグループに分けられ、グループごとに肉や野菜、お皿やお箸、コップが最初からキット化されており、ビールやジュースなどの飲み物も用意されて、よく準備されたバーベキュー運営でした。

主催する宮治さんは、トレードマークの青いタオルを頭に巻きツナギを着て、「みやじ豚」のおいしさを参加者に説明しています。岩塩とコショウだけで焼いた「みやじ豚」は、臭みがなくジューシーで、豚のうまみを存分に味わうことができました。「農業の６次産業化」のためには加工や販売などの設備投資が必要と思う人がいるかと思いますが、宮治さんのバーベキュー事業のように、場所をレンタルして無理のない回数を定期的に開催すれば、収益があがる事業としてちゃんと成り立ちます。バーベキュー開催時には、参加者に「みやじ豚」のパンフレットや購入申込書が配られ、その場でも常温のポークジャーキーが販売されていました。

過去には、バーベキューに参加した大使館関係者が、勤務する大使館のパーティーで「みやじ豚」を使ってくれたり、バーベキューの様子がテレビ番組で流れたりしたので、バーベキューの開催はプロモーション活動として効果的です。また生産者である宮治さんの父や弟もバーベキューに参加しているので、生産者が直接消費者の声を聴く貴重な機会にもなり、おいしい豚を生産するモチベーションも上がります。消費者にとっても、直接生産者と話ができる貴重な機会で、相互に良い循環が生まれます。

家業の養豚業をブティック型ファミリービジネスに

「みやじ豚」は、豚肉というコモディティを「みやじ豚」としてブランド化し、実家の養豚業を「ブティック型ファミリービジネス」に転換している成功事例です。「みやじ豚」では生産量を抑えて月に１００頭ほどしか出荷せず、希少性を高めています。また豚のエサには穀類・芋類を特別に配合して与え、よく使われるトウモロコシは肉を酸化させやすいという理由で使わないというこだわりを持っています。さらに豚の成育環境にも気を配り、同じ母豚から生まれた兄弟豚だけしか同じ部屋にしない「腹飼い」を実践し、ストレスが少ない環境で愛情を込めて豚を育てていることを売りにしています。

このような「みやじ豚のおいしさの秘密」に加えて、科学的にも「みやじ豚」のおいしさは証明されています。例えばうまみ成分である「遊離グルタミン酸」含有量は国産の銘柄豚の平均が１００グラムあたり13・９ミリグラムのところ、「みやじ豚」は26ミリグラムと倍近いとのことです。前記のような飼育の努力の結果、「みやじ豚」のおいしさが認められ、２００８年に宮治さんの弟が育てた「みやじ豚」は農林水産大臣賞を受賞しています。

「宮治家で大切に育てた豚」を「みやじ豚」としてブランド化して、価格決定権をもつことができたので、売上高は株式会社化してから3年間で約5倍になりました。現在、「みやじ豚」はオンラインショップのほかに、松屋銀座でも買うことができます。

農家が抱える「代替わり」の問題

「子供が農業に戻っただけで『代替わりが済んだ』と思ってしまう親世代が問題だ」と宮治さんは指摘します。農業をもっと魅力のある事業とするためには、子供（以下、後継者）が農業を継いだ時点がイノベーションを起こす最大のチャンスなので、親（以下、先代）は今までの経験を後継者に伝えつつも、主導権を後継者に渡すべきなのです。先代は農業の経験が何十年とありますが後継者は未経験者、まして先代は親でもあるわけで、先代が主導権を持っていてはイノベーションが起きにくく、そのまま衰退していく可能性が高いわけです。

「こと京都」の山田さんの事例もそうだったように、「月給は10万円」「親父と毎日けんか」という状態になり、場合によってはせっかく農業に戻ってきた後継者を失ってしまうことにもなりかねません。

代替わりにおいては、後継者が「ビギナーズ・マインド」を持って、次世代に通用する新しいビジネスモデルを構築し、イノベーションを起こしていくことが最も重要なので、そのためにも主導権は後継者にしっかりと渡す形を確立しなければなりません。また一般的にビジネスモデルの寿命は以前よりずっと短くなっており、後継者は継続的にイノベーションを起こしていく必要があります。

「みやじ豚」ではこうした代替わりにみごとに成功しています。先代は「ベテラン社員」となって今までの経験を宮治さんの弟に伝え、マーケティング担当の宮治さんは2006年に「株式会社みやじ豚」を設立して、代表取締役に就任しています。代替わり時にきちんと組織化していなければ、「かっこよくて、感動があって、稼げる」農業にはなりません。

事例研究のまとめ

「みやじ豚」が事例として優れている点は、以下の3点です。

①「みやじ豚」をブランド化し、「ブティック型ファミリービジネス」の確立に成功していること
②バーベキューイベントをレンタルスペースで開催し、固定費をかけずに６次産業化を実現していること
③自分の成功体験を同じ境遇のコミュニティで積極的にシェアしていること

「みやじ豚」のブランド化に成功した宮治さんは、ブランド化戦略や農家の代替わりについて年間50回以上の講演を全国で行っています。また実家の農家を出て都会で働く若者に対して農業の魅力と可能性を伝えようと、ＮＰＯ法人「農家のこせがれネットワーク」を設立して10年以上活動を続けています。こうした活動で知り合ったネットワークから、「ファーマーズバーベキュー」という会社を新たに立ち上げて、東京・吉祥寺の東急百貨店の屋上で生産者の顔が見える厳選した肉や野菜を使ったバーベキューをする事業も手掛けています。

さらに、農家に限らず家業を持つ若者が「家業を継ぐこと」を人生の選択肢として前向きに考えるコミュニティ「家業イノベーション・ラボ」を立ち上げて、セミナーやワーク

ショップを開催しています。それ以前の世代だったら、成功体験を公にせず自分の事業の利益最大化を試みると思いますが、宮治さんたち「ナナハチ世代」（１９７８年以降生まれの世代）は、「自分の成功体験をみんなとシェアする価値観」を持っている点がイノベーティブであり、こうした世代が育っている日本の農業には期待できます。

コラム「頑固おやじ」の説得法

「こと京都」（第三章）の山田さんは、九条ねぎのカット加工業に乗り出すための工場建設資金を銀行から借りようとしたところ、「農家が加工に手を出すな。借金なんかしてはいけない」と父親に猛反対されました。そのころは「親父と毎日けんか」状態だったのですが、父親から指摘された問題点について理由をしっかりと考えたことで、融資を受けるために銀行を説得することは比較的簡単だったと言います。山田さんの場合、「最後は、銀行が親父を説得した」そうです。

「みやじ豚」（第三章）の宮治さんは、「頑固おやじは反対することによって、子供の熱意を試している」のだと言います。ですから親が新規事業や借入に反対しても、子供は様々な理由を考えて訴え続けて、頑固おやじに熱意を伝えることが重要です。

「原商店」（第一章）の場合、頑固おやじである先代は店の経営がずっと赤字であることを隠し続けたのですが、原家に嫁として入った有紀さんは「クーデターのような代替わり」を敢行しました。その時の先代との約束は「口も手も金も出さない」ということでしたが、このように代替わり後は子世代が全権を掌握することが重要なのです。「原商店」

の場合には名実ともに「代替わり」を実現するために、母屋の明け渡しを先代である義父母に求めて1週間以内に引っ越しを行いました。

本書に登場する経営者は、家族の中でリーダーシップをとって経営改革を進めています。苦境の中、限りある経営資源でなんとか家業を再生しようと、家族が一致団結して新しい分野にチャレンジしていく姿は本当に素晴らしいと思います。実際にインタビュー調査をした私は、家業のリーダー経営者には他の家族のことをかばうような発言が随所にあり、そこが家族経営の良いところだと感じていました。

またうまくいっている家族経営には、家族が争わないための「仕組み」や「考え方」があり、家訓として伝承されています。例えば「八代目儀兵衛」(第一章)には「心変えずに形を変えよ」という家訓とともに、実はもう一つ「兄弟仲良く孝行を尽くす」という家訓があります。米販売店を継いだ長男の橋本さんは、家訓に従って「兄弟はビジネスパートナーとして連携することが大事である」と考え、料理人である弟のために「米料亭」という差別化された事業形態を新たに開発したのです。

最後に、「株式会社大塚家具」(上場会社)と「匠大塚株式会社」(未上場会社)について少し私見を述べたいと思います。2015年2月から3月にかけてテレビのワイドショーでも大きく取り上げられましたが、「たたき上げの『頑固おやじ』である創業者の大塚勝久元社長と、一流大学を卒業した理論派である長女の大塚久美子社長」との間で、上場会社である大塚家具の社長の座を巡って争いが起こり、株主に対する多数派工作（プロキシーファイト）が展開されました。その結果、ＩＲ（投資家向け広報）戦略に精通する大塚久美子社長が勝利し、敗れた「頑固おやじ」の創業者・大塚勝久氏は所有する「大塚家具」の株を売却して20億円以上の現金を手にしたと言われています。

創業者である大塚勝久元社長はその資金をもとに２０１５年7月に「匠大塚」を立ち上げ、２０１６年4月には日本橋ショールーム、6月には創業の地である埼玉県の春日部駅東口に東京ドームグラウンド面積の約2倍ある日本最大級の「匠大塚春日部本店」を開店しました。同じ春日部駅の西口で「大塚家具」は「春日部ショールーム」を21年間営業してきましたが、２０１８年5月に閉店しています。人口約23万人の春日部では周辺人口を巻き込んでも、「大塚家具」と「匠大塚」の2つは明らかに並立しないわけです。

私は２０１９年2月に「匠大塚」に行ったのですが、受付で名前や住所を記入することはなく、創業者がこだわったといわれる「会員制による接客」を継続しているわけではありませんでした。一方「大塚家具」の有明本社ショールームに行くと、こちらも必ずしもニトリやイケアのような低価格帯路線に移行しているわけではありません。つまり両者が何のために争ったのかが、今となっては分からないわけです。

「大塚家具」の事例においては、ニトリやイケアといったライバル企業が台頭している時期に、家族経営のリソースが二手に分かれたことによって、事業全体が大きなダメージを被るという大変残念な結果になっていると思います。

CASE 11 株式会社唐沢農機サービス（長野県東御市）

農機具屋の二代目がＩＴ技術の活用で「地域密着型の起業」

長野県東御市の「株式会社唐沢農機サービス」は、個人事業の農機具屋を代替わりして業績を伸ばし、さらにウェブビジネスに進出し、10年間で売上を１８００万円から約10倍の１億７２００万円まで急成長させています。農機販売というと、「農業に依存した斜陽産業」と思われますが、なぜ急成長できたのでしょうか。

サプライズの連続だったオフィス訪問

長野県東御市の国道18号線から少し北へ上がったところにある「唐沢農機サービス」に事例調査に行くと、グレーを基調とした新築のおしゃれな社屋があり、とても農機会社には見えません。その日はちょうど農機フェアの開催日でしたので、社屋の前に「三菱製」などの農機がたくさん並んでいました。「大変失礼ですが、三菱の農機は初めて見ました」と私が言うと、社長の唐澤健之さんは「そうでしょうね、農機といえばクボタ、ヤンマー、井関農機が三大メーカーで、三菱の国内シェアは数パーセントしかありません。でも三菱の農機は、エンジンは三菱重工製ですし、資本提携しているインドの財閥マヒンドラ社のトラクターの売上は世界ナンバーワンなんですよ」と説得力のある説明をしてくれました。

モノトーンで統一されたオフィスに入ると、そこでは若い人たちがパソコンに向かって仕事をしています。仕事やミーティングを立ったままするスペースもあり、まるで都会にあるＩＴ企業のようなオフィス風景です。

会議室で唐澤さんと名刺交換すると、「あの、僕はとりあえず『社長』というポジションをやっているだけですので」とのこと。唐澤さんは、自分より優秀な社員しか採用しないそうです。「会社の成長は社長の優秀さによると言われますが、ウチの会社は社員がみな社長より優秀なので、会社が成長できるのです」と言います。このように唐澤さんはフラットでオープンな会社組織にすることで、社員のやる気を高めています。

スノーボーダーが実家を継いで二代目起業

唐澤健之さんは１９８０年生まれで、長野県東御市の出身です。地元の工業高校に通っていた頃、当時日本で普及が始まったばかりのスノーボードに熱中し、卒業後はカナダやニュージーランドでスノーボードをするなど、海外放浪をしていました。時々帰国して３か月間くらいアルバイトを掛け持ちし１００万円程貯めて、また海外放浪に出るという生活でした。

20歳を過ぎて「そろそろ就職しなければ」と思い、知り合いの紹介で東京にある外資系ベンチャー企業で働くことになりました。その会社で携帯電話に内蔵されるカメラを開発するエンジニアとして働きましたが、技術や経営について学ぶ良い機会になったそうです。唐澤さんは漠然と26歳で起業しようと考えていたので、26歳の時にとりあえず会社を辞めて長野県の実家に帰り、何で起業するかを考えました。すでに結婚して子供がいたこともあり、ゼロからの起業はリスクが高すぎるということで、実家の「農機修理サービス」の事業を父親と弟と３人で法人化して始めることにしました。２００７年設立当時の「唐沢農機サービス」の年商は１８００万円で、父親から最初にもらった給与はわずかに10万円でした。都会でエンジニアとして働き、結構収入があった唐澤さんは経済的な危機感を強く持ったそうです。

顧客重視の営業で売上を急拡大

「唐沢農機サービス」の先代である唐澤さんの父親は農機の整備や修理をメインに行っていて、新品農機の販売はほとんどしていませんでした。２００７年に唐澤さん兄弟が入社して株式会社化すると、三菱農機（現・三菱マヒンドラ農機）の正規販売代理店になって、新品農機の販売にも力を入れることにしました。まず年に2回、農作業が始まる春先とお米の収穫前の秋に、定期的に展示会を開催することから始めました。

唐澤さんは新品の農機販売を拡大するにあたり、兼業農家を主な販売ターゲットにします。兼業農家はサラリーマン収入があるので新品の農機を買う余裕があることと、農作業にかける時間やエネルギーを節約したいという動機があるからです。また兼業農家は週末に農作業をすることが多く、主に週末に修理の依頼や新品購入の相談がありますそこで「唐沢農機サービス」農機事業部では土日に、場合によっては早朝に訪問するなど、顧客のニーズに合わせて対応しました。

またメールでの問い合わせには即日対応するなど顧客重視の営業を展開すると、農機事業部の売上は法人化初年度の1800万円から、翌年の2008年には5900万円、2009年には7300万円と大幅に増やすことができました。ターゲットとした顧客の事情に合わせて迅速に対応することは、都会の企業にとっては当たり前のことですが、地方の農機販売業界ではあまり行われていませんでした。

農機の整備・修理技術についても一層の向上に努め、2010年に「唐沢農機サービス」は三菱農機のプロサービスコンテストで全国1位を獲得します。弟と新たに雇った3名のスタッフで農機の整備・修理サービスを行い、さらに営業担当を1名雇って農機の販売を任せ、唐澤さんは社長業に専念して新たな事業の柱を考えることになりました。また先代の社長は病気をきっかけに、事業から引退することになりました。

ウェブサイト制作・運営を社内化

農機事業部が順調に拡大すると、唐澤さんは「これから農機をもっと売るためには、どうしたらいいいか」という根本的な経営課題を真剣に考えました。そして「農産物が売れて、農家が儲かって、農機をもっと買ってもらえるようになればいい」という結論に至りました。

農家が農産物を適正価格で販売するためのサイトを、地元のウェブサイト制作会社に発注し、２００９年に「農家直売どっとこむ」というサイトの運営を開始しました。ところが初年度の売上はわずか数万円で、ウェブサイトの制作費用などで約４００万円の赤字となってしまいました。

「ウェブサイト制作に４００万円もかけたのに、どうしてこんなに売れないのか」と、売れない理由をウェブサイト制作会社に問いただしても、はっきりとした理由は聞けなかったそうです。結局、「ウェブサイト制作会社は、見栄えが良いだけのウェブサイトを作るのが仕事なのだ」ということを悟り、以降はウェブサイト制作業務を社内化して、農産物のネット販売事業を立て直すことにしました。

唐澤さんはホームページでウェブサイト制作ができる人材を募集し、ウェブ制作やウェブ・コンサルティング業務の経験があるデザイナーを2名雇用しました。そして「PDCA（Plan＝計画、Do＝実行、Check＝評価、Action＝改善）サイクルを回して、どうやったら農産物が売れるようになるか徹底的に検証」した結果、「農家直売どっとこむ」は徐々に売上を伸ばし、サイト開設から8年後の2017年にはその年間売上が約1000万円規模にまで成長しました。

優秀なウェブデザイナー2名を雇用できたので、唐澤さんはインターネット事業部を「ビーズクリエイト」という名称で別ブランド化し、自社の「農家直売どっとこむ」の運営に加えて、長野県内の大学や金融機関、地元の上場企業などのウェブサイト制作やウェブ・コンサルティング業務を受注していきます。

「唐沢農機サービス」の売上構成はメインの農機事業が約7割、ウェブ関連事業が約3割ですが、利益は農機事業が約5割、ウェブ関連事業が約5割となっています。最初は売上がほとんどなく400万円の赤字状態だったウェブサイト関連事業を収益性が高い事業にできたのは、ウェブ関連業務に強い優秀な人材を確保できたことが要因です。

中古農機の販売プラットフォームを立ち上げ、農機販売会社のネットワークを形成

次に唐澤さんは、中古農機売買サイトの使い勝手が良くないことに注目し、中古農機売買の会員制サイト「ノウキナビ」を立ち上げました。このサイトは中古農機を売りたい人と買いたい人をマッチングして、「適正価格で中古農機を取引するコミュニティの形成」を目的としています。「ノウキナビ」の加盟企業を増やすために、唐澤さんはセミナーを開催し、そこで自身が代替わりに成功した経験などを紹介しています。

唐澤さんは「ノウキナビ」の取引拡大にさらに注力し、そのネットワークから農機販売会社の事業承継を、チャンスがあれば積極的に行っていきたいと考えています。つまり唐澤さんの父親のように「一人親方」で農機販売・整備・修理をやっている会社が廃業の危機に追い込まれていた場合、「唐沢農機サービス」が既存顧客を引き受けていく形で、お互いにWIN-WINな関係になるような新しい事業承継を模索しています。

地方の農機会社に年間200件以上の求人応募がある理由

人口3万人弱の長野県東御市にある「唐沢農機サービス」には、年間200件以上の求人応募があり、人材の確保には苦労していないとのことです。実際に入社した人の半分は長野県出身者のUターン組ですが、半分は長野県出身者ではないIターン組です。

「唐沢農機サービス」では、「年間休日120日以上、残業は推奨していません」としています。唐澤さんが東京で働いていた前職はかなり残業が多いブラックな職場だったため、「しっかり休みをとってこそ、よりクリエイティブな仕事ができるので、原則、残業なし」としたのだそうです。

私はインターネット事業部や財務・広報担当のスタッフ4名にインタビュー調査をしましたが、いずれもインターネット検索をして、「唐沢農機サービス」の採用ページを見つけて応募していました。検索にあたっては、全員が東御市を含む「東信」という地域ワードと「ウェブデザイナー」などの希望職種で検索しています。「東信」で検索する理由は、家庭の事情でこの地域に住みたいことや、ウインタースポーツが楽しめること、東信地域は東京に近く便利で、雨や雪が少なくて暮らしやすいことなどでした。

「唐沢農機サービス」では、特に高い給与水準を提示しているわけではありません。実際に応募者は、給与水準よりも働く環境を重視して応募しています。例えば財務担当の30代男性は、都会の会計事務所で働いていた時よりも給与は3割減となりましたが、休みがしっかり取れて残業もなく家族との時間が確保できるので、今の待遇に満足して働いています。また仕事内容は財務だけでなく、ウェブサイトのアクセス分析も担当しており、地域密着型のベンチャー企業である「唐沢農機サービス」は、活気があって働きがいがあるとのことでした。

インターネットを通じた採用活動に成功している「唐沢農機サービス」は、「効果的な採用ページの作り方」というセミナーも開催し、次のビジネスの展開をしています。

事例研究のまとめ

「唐沢農機サービス」が事例として優れている点は、以下の３点です。

①新品の農機の販売対象を兼業農家に絞って、短期間に業績を急成長させたこと
②農産物の販売代行サイトを立ち上げ、ウェブビジネスのノウハウと優秀な人材を確保したこと
③自社が実現した「スモール・サクセス」を、次のビジネス展開に効果的につなげていること

「唐沢農機サービス」の成功要因である「顧客本位のサービス」を、「当たり前ではないか」と思う読者も多いと思います。しかし地方では、都会基準の顧客対応ができていないことが多いのです。私たちが17年前に長野県に引っ越してきた時も、地元企業の「顧客よ

りも自社の都合を優先する」対応を何度も経験しました。地元のある会社に夫が問い合わせの電話をした時、相手の対応があまりにひどかったため、めったに声を荒げたりしない夫が、「こっちが客なんですけど」と思わず電話口で怒鳴ったこともありました。

「唐沢農機サービス」の事例で私が伝えたいのは、「農業や地方経済には、まだまだ『ブルー・オーシャン』がある」ということです。競争相手が多い都会で熾烈な戦いをするよりも、地方に活路を求めることは有効な手段なのです。

CASE 12 株式会社エムスクエア・ラボ（静岡県菊川市）

東大卒リケジョによる農業のインキュベーション・ラボ

東大卒・NASAプロジェクト参加のリケジョが静岡県菊川市に移住するまで

「株式会社エムスクエア・ラボ」代表取締役の加藤百合子さんは１９７４年に千葉県で生まれました。兄が２人いる末っ子という環境で、子供のころから外遊びが大好きなアウトドア派だったとのことです。慶應義塾女子高等学校に在学中から環境問題や食糧問題に関心を持つようになりましたが、内部進学できる慶應義塾大学には農学部がないため、東京大学を受験して農学部に進学し、農業機械の開発を専攻しました。

東大卒業後は、航空宇宙産業や環境・農業分野に強い英国クランフィールド大学院大学に留学して修士号を取得、その後はアメリカのニュージャージー州でNASAの宇宙ステーションに搭載する植物工場のプロジェクトに参加します。２００１年に帰国してキヤノンにエンジニアとして就職しましたが、結婚を機に夫の実家がある静岡県菊川市に移住し、夫の親族が経営する産業機械メーカーで研究開発の仕事をしていました。

私も調査研究のために伺いましたが、加藤さんが移住した静岡県菊川市は、静岡駅から東海道線で40分ほど西へ行った、茶畑が広がる人口5万人弱の市です。「菊川市に移住することに、迷いはありませんでしたか？」と私が伺うと、加藤さんは「結婚前に主人の実家がある菊川市に遊びに来て、青い空と緑の茶畑に魅了されました」とのこと。また静岡県はスズキやヤマハといった大手メーカーがあり、技術力がある中小企業も多く、農業機械の開発プロジェクトがやりやすい土地柄だそうです。

出産・子育てを契機に農業での起業へ

加藤さんには現在高校生と小学生の娘が2人おり、出産と子育てのため一時仕事を離れました。しかし子育てがきっかけで、再び環境・食糧問題に関心を持つようになり、「自分のする仕事が本当に社会を豊かにしているか」「子供に自分の仕事についてきちんと説明できるか」について思い悩んだそうです。また地元の大学の社会人講座で農業を半年間学び直す機会があり、今の日本の農業が抱える問題点がいろいろと見えてきました。

そして2009年に〝農業をITで変革するための会社〟、「株式会社エムスクエア・ラボ」を資本金500万円で起業します。会社の名前の由来は「ママラボ」ですが、mamaにmが2つあるので〝m2〟の英語読みから「エムスクエア・ラボ」という会社名にしたのだそうです。ネーミングとしては、「ママラボ」よりも「エムスクエア・ラボ」のほうがプロフェッショナルな感じなので、とても良い判断だと思います。

「エムスクエア・ラボ」で加藤さんが最初に手掛けた事業は「農機の貸し借りのマッチングサイト」でした。しかし創業当時の2009年にはまだスマホが普及しておらず、農家がパソコンでインターネットにアクセスして情報を得ることもあまりなく、この事業はなかなか軌道に乗らずに苦戦します。

そんな時、静岡県から「農家を訪問して農業情報をヒアリングする」という事業を受託します。この事業を通じて、加藤さんは地元の新聞やテレビに度々取り上げられたので、地元の農業関係者に広く知られて信頼関係が生まれ、これ以降は農業関係の事業が格段にしやすくなったとのことです。

その後、加藤さんは地元の農家の依頼を受けて、野菜を小売店や卸業者に販売するという事業を始めました。しかし信頼していた卸業者が夜逃げして、売掛金約700万円が回収できないという危機に直面します。手を尽くしてなんとか半分くらいは回収したのですが、当時の年商は約3000万円でしたので大きな損失となりました。その時の経験から、「野菜の生産者と仲介者そして購買者の三者が信頼しあって、効率的な農業を実現する」農業の生産改革、「ベジプロバイダー事業」のコンセプトが生まれました。

「ベジプロバイダー事業」は「エムスクエア・ラボ」が仲介者となり、レストランなどの業務用購買者から必要な野菜の注文を受け、生産者に依頼して生産し、それを業務用購買者に届ける事業です。この仕組みにより、農産物の効率的な生産と安定供給、そして「農産物の需給バランスに左右されない、フェアな価格形成」が行われます。「エムスクエア・ラボ」は、購買者に対してメニュー開発などの相談に乗り、生産者に対しては需要がある野菜を計画的に生産してもらい、取引高に応じた手数料やコンサルティング料を受け取ります。

加藤さんはこの「ベジプロバイダー事業」を2012年に日本政策投資銀行が開催した「第1回DBJ女性新ビジネスプランコンペティション」に応募したところ、見事に「女性起業大賞」を受賞し、事業奨励金1000万円を得ることができました。

農業のインキュベーション・ラボ

「エムスクエア・ラボ」は「農業のコンサルティング会社」ではなく、「農業のインキュベーション・ラボ」として農業の生産や流通を事業化しています。インキュベーションとは「孵化」という意味ですが、加藤さんは農業機械のエンジニアとしての技術力や分析力を活かして、農業の課題と解決策を考えて事業を孵化します。そしてその事業がある程度の規模になると「エムスクエア・ラボ」から独立するので、同社の売上高や社員数は常に変動があります。

前記の「ベジプロバイダー事業」は農家と購買者がそれぞれ１００件強になり、年商も約1億円規模に成長しました。「エムスクエア・ラボ」からは、すでに農産物の効率的な流通を手掛ける「やさいバス」という事業が独立していたので、２０１８年5月に「ベジプロバイダー事業」を「やさいバス」へ事業譲渡しました。農業の生産改革「ベジプロバイダー事業」と流通改革「やさいバス」が「エムスクエア・ラボ」から独立して一つの会社になり、より効率的な農業の生産・流通改革が実現したのです。

加藤さんは、「農業の課題は、農業と異業種との掛け算で解決していく」という経営理念を持っています。「エムスクエア・ラボ」が標榜している「農業×ANY＝Happy」という公式は、農業に何か異業種のことを掛け合わせることが、みんなの幸せにつながるという経営理念です。イノベーションの狭義の定義、「技術革新」ではなく、イノベーションの本来の定義である「経済活動の中で、生産手段や資源、労働力がそれまでとは異なる仕方で新結合すること」を農業で実現することを志しています。

この章で紹介した「農業の6次産業化」は、いわば「付加価値の足し算」であり「インクリメンタル・イノベーション（加算的な革新）」と言えます。それに対して、加藤さんが「エムスクエア・ラボ」で行っているイノベーションは、農業と異業種とを掛け合わせる「本来のイノベーション」を実現しています。

事例研究のまとめ

「エムスクエア・ラボ」が事例として優れている点は、以下の3点です。

①起業当時の失敗や困難を乗り越えて、農業についての新しいビジネスモデルを構築していること
②農業のコンサルティングではなく、農業の「インキュベーション・ラボ」であること
③農業と異業種を掛け合わせる、「本来のイノベーション」を実現していること

「今後の農業の成長ポテンシャルについては、どう考えていますか？」と尋ねると、加藤さんはこう答えました。

「これから世界の人口は70億人から100億人になるといわれています。それだけの需要の増加があるので、農業は成長産業です。同時に食糧問題や環境問題が深刻になりますので、農業が社会課題の解決に果たす役割は大変大きいと思います。そこに日本の『ものづくり』技術を生かすチャンスがあると思います」

加藤さんは、敷かれたレールの上を走るのではなく、「自分でレールをどんどん敷いていく」タイプの女性です。有能なエンジニアでビジネス・センスもある加藤さんですが、これだけの事業を実現できるのは、「人を巻き込み、人に任せる力」を持っているからだと思います。「エムスクエア・ラボ」の事業に加えて静岡県の教育委員や農水省の食料・農業・農村政策審議会の委員といった公職も務め、またエンジニアとして農業ロボットの開発も行い、かつ母親業もこなしている加藤さんは、これからの農業を目指す人のロールモデルです。老若男女、文系・理系を問わず、加藤さんのような優秀な〝人財〟が都会から地方に移住して農業に関わるようになれば、日本の農業や地方経済はもっと発展していくと思います。

コラム　業務IT化の遅れ

本書では、「旅館」や「農業」の章で「業務のIT化の遅れ」があった事例を取り上げています。一般に、「業務のIT化」は、次頁のような4つのステップに分けられます。

「元湯陣屋」（第二章）では、2009年に宮崎富夫さんと知子さんに代替わりした際、宿泊予約業務でさえ紙ベースで行われており、パソコンやタブレットを導入して旅館業務全体のIT化を推進することは急務でした。運よくクラウド技術がわかるエンジニアの男性が従業員募集に応募してきたため、IT化を急速に進めることができました。「元湯陣屋」はさらにIT化が最も進んだ段階、「ソフトやノウハウを外販し収益を得る」(STEP4)まで到達しています。これは宮崎夫妻の経営手腕と社内エンジニアの努力の賜物だと思います。また「元湯陣屋」では業務のIT化に対応できなかった従業員は自発的に辞めてしまったそうですが、「それは仕方ないことだった」と宮崎知子さんは言います。IT化を推進した結果、少ない人数での効率的な業務運営と、週休2・5日制という働き方改革も実現することができました。

「小石屋旅館」（第二章）ではスタッフの平均年齢が若く、全員がLINEを使って業務

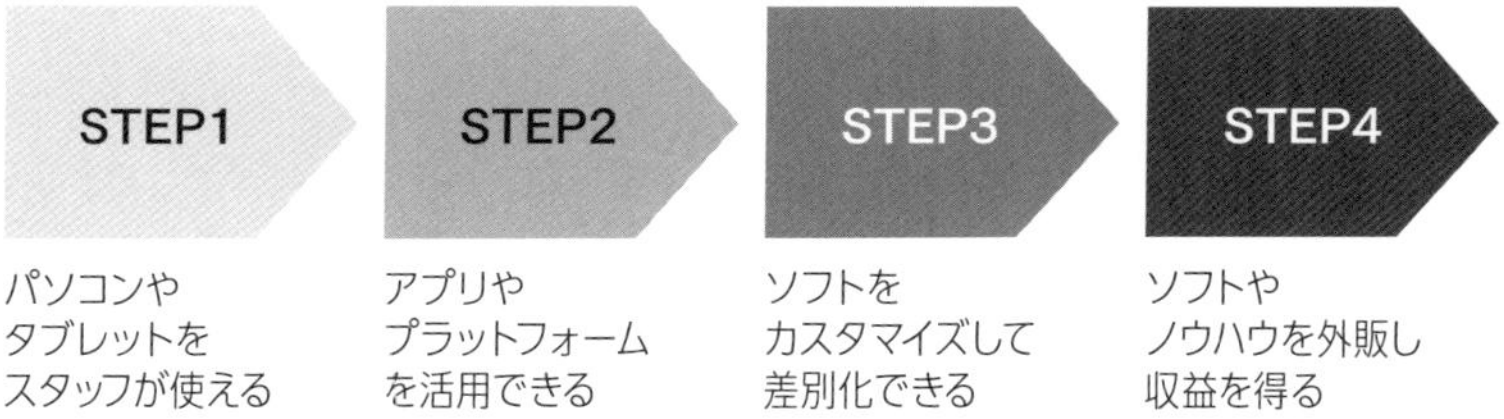
STEP1
パソコンや
タブレットを
スタッフが使える
STEP2
アプリや
プラットフォーム
を活用できる
STEP3
ソフトを
カスタマイズして
差別化できる
STEP4
ソフトや
ノウハウを外販し
収益を得る

連絡を行い、「楽天トラベル」や「じゃらん」などの宿泊予約プラットフォームを活用して効率的に集客しており「STEP2」まで進んでいます。しかし同じ渋温泉の旅館の中には、そもそも宿泊予約プラットフォームへの登録を十分にできない旅館もあるため、「小石屋旅館」では有料で登録業務を代行して、さらに魅力的な宿泊プランについてコンサルティングも行っています。ＩＴ化が進んでいない地方の旅館に対しては、そうした登録代行も業務として成り立つのです。

「唐沢農機サービス」（第三章）は、「４００万円かけてウェブサイトを作っても初年度の売上は数万円」という失敗を活かして、インターネット業務に強い優秀なスタッフを雇用してＩＴ業務を社内化しました。そして今ではウェブサイトの制作だけでなく、ウェブ・コンサルティング業務も行っており上図の「STEP4」まで到達しています。「唐沢農機サービス」の事例はネガティブな経験をポジティブに転換した成功例です。また農業とか地方経済においては「ＩＴ化の遅れ」があり、そこにビジネスチャンスが広がっていると言えます。

第四章の「伝統産業」で成功している事例では、ＩＴを使った情報発信に積極的です。「京和傘日吉屋」は、まず和傘のインターネット通販に力をいれて年商を約10倍にしました。化粧筆の「白鳳堂」がホームページを設けたのはインターネット黎明期の１９９６年で、早い時期からインターネットでの情報発信をしています。また上田紬の織元「小岩井紬工房」は着物問屋との付き合いを重視して織元からの情報発信をずっと控えていましたが、リーマンショック後は積極的にインターネットで情報発信をしています。そして機織り体験や着物イベントへの集客を実現し、オンラインでの情報発信とオフラインでの販促活動をみごとに融合しています。特に小岩井良馬さんは２０１１年から毎日ブログを書き続け、コアな着物ファンを引き付けています。商店や農業でせっかくホームページを作ってても何年間も更新されていない状態をよく見かけるのですが、ホームページやブログは作るだけではなく、継続更新してこそ効果があります。

一方、第一章で取り上げた長野県松本市の豆腐店「富成伍郎商店」は、ホームページもなくＳＮＳもしていません。しかし、「富成伍郎商店」には、京都の品評会で「日本一の豆腐」になった圧倒的な商品力と、長野県松本市郊外で「手渡しの商いをしたい」という強い意志があるので、ＩＴに投資する必要性をそもそも感じていないのです。

第四章　伝統産業——伝統を革新し、グローバルに展開する

最後の章では、日本の伝統産業における代替わり時のイノベーション事例を研究します。事例研究の対象は和傘、着物、筆、伝統産業品で、いずれも需要減退による経営難と後継者難に苦しむ衰退産業の典型です。しかし、この章の事例では、伝統を守るだけでなく、伝統を革新して次世代につなげる努力をしています。

日本の伝統産業は、「日本固有のキラーコンテンツ」です。この章では、日本の伝統産業に「価値」を見出してそれを磨き上げ、海外の展示会で効果的にプレゼンテーションをしたり、様々な手段で国内外にその魅力を発信し、新しい販路や顧客を積極的に開拓している事例を紹介します。さらに、和傘の開閉技術をデザイン照明に応用したり、特殊な工業用途のアース織物を手織りする事例もあります。こうした「日本固有のローテク」を想像もつかない用途に応用する商品開発が、今後もっと広い分野で展開されることを私は期待しています。

CASE 13 京和傘日吉屋（京都府京都市）

和傘の技術をデザイン照明に応用、海外市場開拓のメソッドをアドバイス

年商100万円台で廃業危機の「京都の和傘屋」最後の1軒

和傘には1000年以上前から使われてきた長い歴史があります。当初は天蓋のような形状で「権力や高貴な身分の象徴」として頭上から吊り下げたり、差し掛けたりする道具でした。戦後の1950年頃に和傘の生産は最盛期を迎え、国内最大の産地だった岐阜県での年間生産量は約1400万本に達したという記録があります。しかしその後、便利で安価な洋傘にその地位を奪われ、和傘は典型的な衰退産業となっています。

「あめあめ　ふれふれ　かあさんが　じゃのめでおむかい　うれしいな」という童謡「あめふり」を北原白秋が発表したのは1925（大正14）年です。1963年生まれの私は、この歌を歌ったことはあっても、雨の日に「蛇の目傘」をさしたことはありません。また私は着物を日常的に着ますが、和傘は持っていませんし、町でたまに着物姿の女性を見かけても、雨の日に和傘をさしている人を見かけることは皆無です。七五三や成人式の写真撮影で和傘をさすことはあっても、日常で和傘を使うことはまず無くなっています。

「和傘の産地」としてよく知られるのは、材料である良質な竹や和紙を産出する岐阜県ですが、事例研究で取り上げる「日吉屋」は、「和傘の消費地」である京都市にあります。かつて京都市内に和傘の製造元は200軒以上ありましたが、2004年に西堀耕太郎さんが「日吉屋」の五代目を継いだ時には、京都市内で最後の1軒となっており、年商は100万円台という廃業寸前の状況でした。「日吉屋」は160年以上続いた老舗の京和傘製造元で、茶道の家元や神社仏閣に和傘を納め、全国の祭りで使う大型の和傘の修理なども請け負っています。

和歌山県に住む公務員が廃業寸前の老舗の五代目に

「日吉屋」五代目の西堀耕太郎さんは、1974年に和歌山県新宮市で生まれました。新宮市には合気道の開祖・植芝盛平が開いた道場があり、世界中から合気道を学びに外国人が滞在している土地柄です。西堀さんも子供のころから合気道を習い、新宮市に滞在する外国人の合気道愛好家とも英語でコミュニケーションをして交流し、多様な価値観を感じていました。高校卒業後は、本場の英語を学ぶために、親族のいるカナダ・トロントに1年間留学します。そこで英会話力に磨きをかけるとともに、世界中から集まる人達のさらに多様な価値観に触れ、また自分がいかに日本の文化のことを知らないかを思い知ります。

1年間のカナダ留学後は地元に戻り、新宮市の職員として勤務します。最初は経済観光課で地域の商業・観光の活性化などに取り組み、次に税務課に勤務しました。7年間の地方公務員生活では、地域活性化や税制、行政機関の仕組みなどを学び、貴重な経験になりました。

地方公務員になって2年目に、「日吉屋」の次女と知り合い結婚します。結婚前に妻の実家を訪れた西堀さんは、そこで和傘と出会います。初めて和傘を広げてみた時に、和傘の繊細な竹の骨組みと和紙の美しい色合いに心を奪われたと言います。私も本書の調査研究で京都の「日吉屋」を訪問しましたが、和傘の骨組みの精巧さと和紙を通した柔らかな光に魅了されました。

和傘に興味を持った西堀さんは、子供の頃はプラモデル作りに熱中するほど手先が器用だったので、週末に京都の妻の実家に行き、和傘作りを習い始めます。また公務員の仕事の傍ら、「日吉屋」のインターネットショップの運営をボランティアで手伝い始めました。そうしているうちに、日本の伝統文化である和傘にさらに魅力を感じて、その伝統技術を守りたいという使命感が強くなり、跡継ぎがいなかった「日吉屋」に婿入りして継ぐことを決意します。安定した地方公務員を辞めて廃業寸前の和傘屋を継ぐことには、西堀さんの家族だけでなく、「日吉屋」の廃業を考えていた先代の義母からも反対されました。結局、両方の家族からの反対を押し切り、西堀さんは地方公務員をやめて２００４年に「日吉屋」に入社しました。その年に義母が急死し、西堀さんは29歳の若さで五代目の当主となります。

西堀さんは自分のことを「若者、よそ者、バカ者」と言いますが、これは序章で説明した「ビギナーズ・マインド」を持っていたという証左です。こうして老舗和傘屋に婿入りし五代目となった西堀さんは、和傘の技術を応用した新商品開発や海外販売ルート開拓といった分野で、画期的なイノベーションを起こしていきます。

和傘の技術をデザイン照明に応用しグッドデザイン賞を受賞

「日吉屋」を継いだ西堀さんは、まず和傘のインターネット通販を軌道に乗せることに尽力したところ、京都の実店舗への来客も増えて、年商は１０００万円台になりました。しかし和傘の市場規模は今後も大きくはならないことを予想していた西堀さんは、和傘の技術を他の商品に活用する用途はないかと模索し、照明への応用を考えます。最初にチャレンジしたのは、和傘そのものにランプを付けた照明器具でしたが、大きくて使い勝手が悪く失敗に終わります。西堀さんは「これは典型的なプロダクト・アウトの発想の商品開発だった」と反省します。

その当時、今後の事業展開をプロデューサーやデザイナーに相談したところ、和傘の技術を使いながらも「商業空間から求められるデザインにする」こと、すなわち「マーケット・イン」の発想を提案され、さらに「海外に販路を求めること」というアドバイスを受けました。海外展開など念頭になかった西堀さんは、新商品開発にあたって「日本だけでなく、海外の顧客からも求められる和傘の技術を使ったデザイン照明」という大きなビジョンを持つようになります。

海外進出の前にまず日本市場での評価を得るため、デザイナーの助言を受けて、和傘が開閉する仕組みを応用したデザイン照明を、何度も試行錯誤しながら2年以上かけて商品化しました。こうして２００６年に出来上がった円筒形のデザイン照明を、「古都里《ことり》」とネーミングします。翌年にはこの「古都里」が念願の「グッドデザイン賞特別賞（中小企業庁長官賞）」を受賞し、その翌年には経済産業省の「海外市場開拓支援事業」等に応募して支援企業に選ばれ、パリとフランクフルトでの展示会に出展することになります。

海外展示会でニーズや商習慣の違いを知る

２回の海外展示会に果敢にチャレンジした西堀さんですが、どういう商品情報を海外のバイヤーに用意すればいいかなどの具体的なことがわからず、商談はなかなかまとまりませんでした。それでも海外の展示会に出展したことで、「ヨーロッパのデザイン照明は、サイズをもっと大きく、明るさは控えめが好まれる」という商品デザイン面での改善点や、「現地バイヤーにとってわかりやすい価格表示方法」や「商談に必要な資料やプライスリストに加え、メディア向け資料も用意する」など、具体的な改善点がわかりました。そして3回目に出展したドイツでの展示会で、照明メーカーやスイスのディストリビューター(販売代理店)と商談がまとまり、海外へ販売するチャンスをつかみました。

さらに2009年に初めて北米の展示会に出展する際、商品デザインについて現地のデイストリビューターから「竹や和紙を使わずに、現代的な素材でインダストリアル・テイストが強いものを作れないか」という要望がありました。それに応えるために、無印良品などのプロダクトデザインを手掛けている日本人デザイナーと「日吉屋」が協創し「MOTO(イタリア語で『動』)」という商品を作ります。これは和傘の開閉技術を使いながらスチールや新素材を取り入れた商品で、2010年に日本で「グッドデザイン賞」を受賞し、翌2011年には世界で最も権威があるデザイン賞といわれる「iFプロダクトデザイン賞」を受賞しました。8年前に年商100万円台で廃業寸前だった「日吉屋」が世界的なデザイン賞を受賞し、西堀さんは感無量だったとのことです。

現在、「日吉屋」の和傘の売上は約２０００万円で、デザイン照明等インテリア関連の売上は約６５００万円（いずれも２０１７年実績）にまで成長し、デザイン照明の約３割が海外での売上となっています。

「日吉屋」の照明はザ・リッツ・カールトン京都でも使われている

TCI研究所を設立し、地産外招で「ネクスト・マーケットイン事業」を支援

廃業寸前の「日吉屋」は西堀さんが継いだことで、国内だけでなく世界でもそのデザイン性を評価されるような企業に成長しましたが、それは西堀さん個人の資質によるところが大きいと思います。西堀さんは英会話ができるだけでなく、海外のバイヤーと信頼関係を構築できる「ヒューマン・スキル」と、合気道を通して身に着けた強い精神力、そして現場の気づきから学ぶ「ビジネス・センス」を兼ね備えています。

西堀さんは自身の経験を『伝統の技を世界で売る方法　ローカル企業のグローバル・ニッチ戦略』（学芸出版社）という本にしており、海外展示会での経験と海外バイヤーやデザイナーとの付き合い方を細かい点まで説明しています。伝統工芸に限らず中小企業で海外展開を目指す人は、ぜひ西堀さんをロールモデルとして、具体的に行動すべきことをこの本から詳しく学んで欲しいと思います。

さらに西堀さんは、「伝統は革新の連続」という理念をかかげて、「合同会社TCI研究所（Tradition is Continuing Innovation の略。現在は株式会社に改編）」を設立し、他の伝統産業の海外進出をサポートするアドバイザリー事業を始めました。また中小企業庁は、グッドデザイン賞の受賞や海外展示会への参加状況などでかねてから「日吉屋」に注目していて、「日吉屋」の成功メソッドを日本の伝統産業だけでなく、日本企業の99・7％を

占める中小企業に応用することを「ネクスト・マーケットイン事業（海外専門家招聘支援事業）」として２０１４年から開始します。この事業は、海外販路開拓を目指す中小企業を対象に、特定の市場ニーズに精通する専門家を海外から招聘して商品企画や開発のアドバイスを受け、海外向けの商品開発支援を行うものです。「ＴＣＩ研究所」はこの「ネクスト・マーケットイン事業」を中小企業庁から受託して、公募で選ばれた企業、延べ数十社にアドバイスをしています。この「ネクスト・マーケットイン事業」は、まさに本書のテーマである「地産外招」（ローカルな産物について、海外の専門家を招いてアドバイスをもらい、さらに価値を高める）を実現しています。

事例研究のまとめ

「日吉屋」が事例として優れている点は、以下の3点です。

①「ビギナーズ・マインド」で和傘の技術をデザイン照明に応用し、優れた新商品を開発していること
②海外の展示会に出展し現地のニーズや商習慣を把握して、「地産外商」に成功していること

③他の伝統産業の海外進出を支援し、海外から専門家を日本に招いて「地産外招」を実現していること

廃業寸前の和傘屋をグローバルに活躍できる「老舗ベンチャー」に変革した西堀さんの事例は、婿入りした「よそ者」が、「ビギナーズ・マインド」で画期的なイノベーションを起こした成功例です。「日吉屋」のミラクルを「伝統を守る、破る、離れる」という観点から考えると、「伝統技術を守りながら、離れている」と言えます。「日吉屋」で取り扱っている無地の蛇の目傘は3万円ほどですが、例えば金を塗るなどの高付加価値をつけて、「常識を破る」10万円の和傘を作っているわけではありません。

西堀さんが起こしたイノベーションは「伝統を離れた」状態であり、デザイン照明という全く離れた市場を新たに切り開きました。「日吉屋」は和傘の技術を使ったデザイン照明を、最高級ホテルの「ザ・リッツ・カールトン京都」にも納入しています。「伝統を離れる」ことで、デザイン力と総合的な商品力を高めて、「価格競争に巻き込まれない、唯一無二の存在」になったのです。

CASE 14 小岩井紬工房（長野県上田市）

海外帰りの姉弟が、オープンファクトリーとイベント開催で地産外招

衰退産業の典型、着物業界

着物は文字通り日本人にとって「着るもの」でしたが、今や「普段着」としての着物を着ることはほとんどなくなり、結婚式・成人式などのハレの日だけに着る「晴れ着」になっています。戦後の高度成長期には着物ブームが起こり、１９８１年に着物の出荷金額は約１兆８０００億円の市場規模でピークを迎えます。現在の着物の市場規模は約３０００億円程度なので、この40年間で着物市場は約６分の１まで縮小しました。

私事ですが50代に入り体型の変化でスーツが似合わなくなったので、私は大学での講義や講演会の際には着物を着るようになりました。着物を着ていると「今日はなにか特別なイベントでもあるのですか？」と必ず聞かれます。それほど着物は日本人にとって「特別な日に着るもの」となったのでしょう。ちなみに私はリサイクル着物をネットオークション等で１万円以下で購入しますので、スーツを買うよりもはるかに経済的なのです。

蚕都上田と上田紬

私が住む長野県東御市の隣の上田市は、明治期に日本の養蚕業の中心地であったことから「蚕都上田」と呼ばれています。上田には「上田紬」という丈夫で素朴な風合いの紬織物があります。この上田紬を全国的に有名にしたのは戦国武将の真田昌幸・幸村父子と言われ、「真田も強いが上田紬も強い」と評判になりました。また日本の三大紬は大島紬と結城紬と上田紬と言われており、上田紬を含む信州紬は１９７５年に通商産業省から伝統的工芸品の指定を受けています。

上田紬の工房も最盛期は50軒ほどあったようですが、現在は５つだけになっています。そして今でも上田紬を手織りにこだわって生産しているのは、「小岩井紬工房」だけです。「小岩井紬工房」は江戸時代から北国街道沿いで蚕糸業を行っていましたが、戦後の１９４８年から上田紬の織元となり、現在は伝統工芸士の認定を受けた小岩井カリナさんと小岩井良馬さんの姉弟が三代目として家業を継いでいます。

海外帰りの姉弟が実家を継ぐまで

姉の小岩井カリナさんは１９７２年生まれ。子供の頃は高度成長期の着物ブームで２年先まで販売予約が入っており、「小岩井紬工房」には歌舞伎俳優や女優、有名力士も反物を買いに来ていて、大変な賑わいだったそうです。恵まれた環境でしたが、「上田紬の織元」という狭い環境から飛び出したいとの想いから東京の大学に進学、中国語を専攻し北京に1年間留学しました。大学卒業後は前進座に入り、舞台女優の道に進みます。憧れの劇団の女優になったものの、理想と現実のギャップに悩み31歳の時に退団、その後はアイルランドに短期留学しました。海外で生活してみると日本の文化や故郷の上田が懐かしくなり、２００４年に帰国して上田に戻りましたが、実家はすっかりさびれていて職人も少なくなり、飛ぶように売れていた反物も在庫の山となっていました。カリナさんは実家の窮状を見て家業を継ぐことを決意し、ベテランの職人から織り方を一から教わり、上田紬の職人としての道を歩み始めました。

弟の小岩井良馬さんは１９７５年生まれ、「リョウマ」という名前の通り海外志向が強く、大学卒業後は飲食店でアルバイトをした後、ドイツ・デュッセルドルフの日本料理店に採用されて3年間働きました。憧れの海外生活で海外の文化に触れ、客観的に日本を見ることによって「日本の伝統文化を引き継ぎたい」という強い気持ちが生まれ、２００４年にドイツから帰国して実家の上田紬の仕事を継ぎました。

二人とも大学進学や社会人になる時、海外生活をする際に、両親から「家業を継ぎなさい」とか「上田に残りなさい」とは言われなかったそうです。また二人とも東京での大学生活と海外生活を経験し、外から故郷上田や日本、そして日本の伝統産業を見ることによって家業を継ぐ強い気持ちを持つに至ったのは、序章で述べた「離見の見」の好例です。子供に家業を継がせたい親や故郷に戻ってきて欲しい親は、むしろ子供たちに外の世界を見るチャンスをぜひ与えて欲しいと私は思います。

リーマンショックが分岐点

いろいろと回り道をした姉弟は、偶然にも同じ2004年に上田紬の家業に戻ってきました。上田紬の工房で唯一、手織りにこだわってきた「小岩井紬工房」にはかつての勢いはなかったものの、問屋さんからの注文がコンスタントにあったとのことです。

ところが分岐点となったのは2008年秋に起こったリーマンショックで、それ以降半年間、問屋さんからの注文が一件も来ない非常事態となりました。カリナさんも良馬さんも窮状を何とか打開しようと、ホームページを作って織元からも情報発信していくことを両親に提案しましたが、「問屋さんの手前、織元がホームページを持つべきではない」と強く反対されました。それでも今後を考えると織元から情報発信、できれば販売もしていかなければならないと二人で両親を説得し、「小岩井紬工房」のホームページを作ることにしました。また良馬さんはその頃から着物や着物業界について書くブログを始め、今でも毎日更新し続けています。

姉弟が家業を継ぐメリット

衰退産業の家業をきょうだいで継ぐ場合、親は「跡継ぎは一人で十分」と思うことがあるようです。現に農業（第三章）で紹介した「みやじ豚」のケースでは、農学部を出た弟さんがすでに家業の養豚業に入っていたので、後からお兄さんである宮治勇輔さんが家業を継ぎたいといった時に、一度はお父さんに断られたいきさつがありました。

「小岩井紬工房」では姉のカリナさんと弟の良馬さんの姉弟で三代目となっていますが、姉弟で家業を継ぐメリットは大きいと思います。カリナさんが織る上田紬は女性らしく華やかな作風で、また織った上田紬をバッグやワンピースなどにする新商品開発をしています。良馬さんは地元特産のりんごの樹皮を使い、「りんご染め」という特別な染色手法を新たに開発し、長野県ならではの「りんご染めの上田紬」を織っています。

また「女匠衆」展があればカリナさんが出展しますし、トヨタ自動車が主催する「LEXUS NEW TAKUMI PROJECT 2017」では、良馬さんが長野県の匠に選出されています。このように姉弟で後を継げば、男女どちらを対象にした展示会やコンテストでも応募でき、チャンスが2倍に広がるのです。

オープンファクトリーで地産外招

インターネットでの情報発信に加えて、「小岩井紬工房」では手織りの現場を見てもらう「オープンファクトリー」に積極的に取り組んでいて、予約なしで気軽に工房見学ができます。実際に上田市の別所温泉を訪れた観光客が旅館で見た上田紬に興味を持ち、翌日に「小岩井紬工房」を訪問して手織りの現場を見学し、上田紬のネクタイや名刺入れなどの小物を購入したりしています。

この「オープンファクトリー」では見学だけでなく、要予約で有料の上田紬手織り体験を行っています。まず2015年から1日でストールを織る「織りの休日倶楽部」を始めましたが、いつも満員御礼の人気です。さらに数日間かけて本格的に帯や着物を織るコースも提供しています。なかには着物を着て、世界でひとつだけの帯を織る着物好きの方もいらっしゃるとのことです。

以前、小岩井さん姉弟は東京のデパートなどで開催される「伝統工芸展」などに参加していましたが、今はほとんど参加しないそうです。交通費や滞在費がかかるのに売上が費用をカバーできず、また展示会の間は工房での織りの仕事ができなくなり、時間的なロスが大きいことが理由です。

その代わり上田市の工房での「オープンファクトリー」に、より多くの方に参加してもらえるようにブログやSNSで積極的に発信するようにしています。工房に1日滞在する「織りの休日倶楽部」参加者には、上田までの交通費の負担を考慮して参加費用をできるだけ抑え、また地元で評判のおいしいお弁当やスイーツを用意しておもてなしをするなど、参加者の満足度を高める努力をしています。

小岩井さん姉弟は東京の展示会に参加する「地産外商」から、上田市の工房でのオープンファクトリーという「地産外招」にシフトしています。「地産外招」は生産者と消費者のつながりだけでなく、生産地と消費者のつながりも一層深めることになるので、地域活性化にもつながります。

日本の伝統をテクノロジーでつなぐ「オンライン縞帖」

「鶴の恩返し」という民話にもあるように、昔の日本では家庭で機織りをするのが普通でした。そして機織りをする女性は自分が織った反物の端切れを紙に貼って見本帖を作り記録していたといいます。その見本帖は「縞帖《しまちょう》」と呼ばれ、明治期以降の呉服屋の店頭では、客は縞帖を見ながら自分の欲しい柄の反物を注文しました。

手織りにこだわっている「小岩井紬工房」には、先々代からの縞帖が何冊も遺されています。良馬さんはこれを「昭和の縞帖 -Online-」として「小岩井紬工房」のホームページに31頁にわたって掲載していて、好きな柄があればこの中から選んでオンラインで注文することもできます。手織りの上田紬の反物を自分の好きな色や柄でオーダーし、1反13万円から15万円で入手できます。着物の相場を知っている人にとっては、この価格はむしろ安いと思われるでしょう。このように生産者と消費者が現代のテクノロジーで直接つながると、自分が欲しい高品質の商品がリーズナブルな価格で手に入るようになります。

それでも上田紬の反物を買うことは多くの人にとってハードルが高いので、「小岩井紬工房」では上田紬をネクタイや財布、名刺入れ、バッグなど小物に仕立てて販売しています。また「京和傘日吉屋」のような伝統工芸の技術の応用例もあります。上田市内の精密機械メーカーから年に数回、「銅線で手織りした、30センチ四方のアース織物（地中に埋めて電気を逃す装置）」の特別注文があります。アース織物だと通常のアース棒よりも格段に表面積が大きくなるため、そのメーカーで特別な用途に使われるそうです。

蚕都上田を着物文化で盛り上げるイベントを開催

前述のように今の日本では着物を着る機会が少なくなっているので、良馬さんは着物を気軽に着る機会を増やそうと、地元の上田市でイベントを企画して実行しています。

良馬さんは仲間と一緒に、毎年10月に上田市内で「キモノマルシェ」を開催しています。このイベントは着物についての講演会や着物のレンタル・着付けサービス、着物姿での撮影会などがあり、さらに着物のフリーマーケットやプロの和裁士による採寸講座など盛りだくさんの内容です。この「キモノマルシェ」の参加者は最初100人くらいでしたが、毎年増え続け、今では500人以上の来場者があるそうです。「キモノマルシェ」が開催される場所は、上田市内にある国指定重要文化財「常田館《ときだかん》製糸場」で、蚕都上田の歴史を感じる趣のある歴史的建物です。また良馬さんは着物を着る機会が少ない男性数名と「魁《さきがけ》‼着物塾」を毎月上田市内で開催しています。このイベントは着物好きの男女が、着物を着て飲み会をするという気軽な集まりです。

事例研究のまとめ

「小岩井紬工房」が事例として優れている点は、以下の3点です。

①唯一の手織り工房を姉弟で継ぎ、斬新なデザインやりんご染めの手法を新たに開発していること

②ブログやSNSで地道に情報発信をし、オンラインの縞帖を設けて「地産外商」の努

力をしていること
③オープンファクトリーを推進し、地元での着物イベントも開催して「地産外招」を実現していること

小岩井さん姉弟は着物を製造販売するだけでなく、地元の上田で着物文化に親しむイベントを企画・実行して、かつての蚕都上田を盛り上げています。特に補助金などの支援は受けずに、同じ志の仲間たちとワイワイ楽しく実行しています。このように自分たちができることから始めて、徐々にファンを増やすという地道な取り組みが、伝統産業の再興には不可欠だと思います。

CASE 15 株式会社白鳳堂（広島県熊野町）

伝統工芸の技術を活かした化粧筆を開発し、世界で新たな市場を形成

広島県熊野町の筆産業

「熊野筆」と聞いて、紀伊半島にある「熊野古道」を思い浮かべる方もいるかと思いますが、筆の産地の「熊野町」は広島県にあります。熊野町は広島や呉から車で30分ほどの人口2万5000人弱の山あいの町で、江戸時代から筆産業で知られ、熊野町の人口の約10%が筆産業に従事しています。

熊野町は、筆の材料である竹や動物の毛の産地ではありません。江戸時代から始まった筆づくりの伝統を守り、材料は他の地域から購入しながらも技術導入と分業制による効率化を進めて、日本一の筆の生産地となりました。明治時代になって学校制度が始まり、筆の需要が一気に増えました。戦後はGHQの方針によって一時期「書道」が学校教育から排除されましたが、1951年から全国の小学校で「書道」が復活し、1970年代に筆の生産は全盛期を迎えます。その後は児童数の減少や生活スタイルの変化で、筆に対する需要は徐々に減っていきましたが、他の産地が筆を生産しなくなったため、現在、国内で

生産される筆の約85%が熊野町で生産されています。

英国の「アーツ・アンド・クラフツ運動」に通じる創業時の想い

「株式会社白鳳堂」は、社長の髙本和男さんが1974年に実家の洋画筆メーカーから独立して創業した会社です。

1970年代は筆の需要が高まり、熊野町では生産能力を上回る注文が殺到して「いかに安くたくさん作るか」という大量生産の波が押し寄せました。大量生産の高度成長期に、実家の洋画筆メーカーでは、生産工程と商品点数を集約して対応しました。しかし髙本さんは「今後も『道具』としてきちんと使える筆を生産するためには、実家から独立するしかない」と思うようになり、「白鳳堂」を創業することを決意しました。

英国では産業革命の結果、大量生産で安価な粗悪品が出回るようになり、それに対して19世紀の半ばからウィリアム・モリスを中心に「労働に喜びを、生活に美を求める運動」、すなわち「アーツ・アンド・クラフツ運動」が起こりました。「白鳳堂」の創業時の想いは、英国の「アーツ・アンド・クラフツ運動」に共通するものがあると思います。

「白鳳堂」は、創業当時、主に漆器など伝統工芸職人向けの筆を製造していましたが、その技術を活かした化粧筆の開発にも取り組みました。「道具としてきちんと使える」化粧筆は、当時国内ではなかなか評価されず、また流通においても日本固有の商習慣が壁になったため、髙本さんは海外での販売に活路を求めます。

１９９３年に社長自らニューヨークに行き、現地で活躍する日本人女性メイクアップ・アーティストに知人を通じてコンタクトしました。ハリウッド女優のメイクを担当していた彼女は、すでに「白鳳堂」の化粧筆を使っており、その使いやすさを理解していました。そして彼女から「カナダの化粧品メーカーが、新しい考え方で商品を展開しているので、アプローチしてはどうか」という具体的なアドバイスを受けました。髙本さんがそのメーカーにコンタクトしたところ、そのカナダの化粧品メーカーは「白鳳堂」の化粧筆の品質を評価して、持ち込んだ約30種のサンプルのうち十数種類をＯＥＭ生産の対象商品として採用しました。１９９５年からカナダの化粧品メーカーへのＯＥＭ生産が始まり、このことをきっかけに、他の海外化粧品メーカーとの取引も増えていきました。こうして「白鳳堂」は化粧筆の海外販売に成功し、今では年間約４００万本を生産し、その約60％を海外に輸出しています。

息子二人が家業に戻り生産と財務を担当、筆業界初の年商10億円を達成

成功したスモールビジネスが企業となるには、生産面や財務面の強化が不可欠です。

「白鳳堂」は創業以来、高品質の化粧筆を生産し、海外販売ルートの開拓にも成功していましたが、一方、在庫の管理が徹底しておらず、海外取引も増えて資金繰りにも苦労していました。実家の危機に二人の息子はサラリーマンを辞めて「白鳳堂」に加わり、さらなる成長を支えました。

まず東芝に勤務していた長男の壮さんが1996年に入社し、在庫管理と品質管理に取り組みます。工場内を整理整頓し余分な在庫は持たず、また欠陥品を少なくするために品質管理も徹底した結果、3割程度あった欠陥品は、「1000本に1本」程度にまで減らすことができました。また次男の光さんも広島銀行を辞めて2003年に入社して資金管理を改善し、今は人事や広報も担当しています。こうして「白鳳堂」は筆業界としては初めて年商10億円を超える会社となり、さらに成長して現在の年商は20億円を超えています。

「白鳳堂」の筆生産は、1990年代には「伝統工芸向けの筆が50%、化粧筆が50%」でしたが、今は「伝統工芸向けの筆が5%、化粧筆が95%」で、化粧筆の売上の伸びが著しくなっています。それでも「白鳳堂」が伝統工芸向けの筆を続ける意義は、「日本の伝統工芸の文化を守る」というだけではありません。

漆などの「粘性のある塗料の筆」や、人形の顔など「曲面に対して塗る筆」の製造には、特殊な技術が必要です。「白鳳堂」が書道の筆のように平面の紙に書く筆だけを製造していては、こうした「粘性のある塗料の筆」や「曲面に対して塗る筆」を製造する技術を得ることはできません。例えば「ひな人形の眉を描く面相筆」を思い浮かべていただければ、その技術の繊細さが想像できると思います。そういった面相筆は「単に細い筆」というだけではありません。「白鳳堂」では、そうした伝統工芸職人向けの特殊な筆の製造技術を、化粧筆の製造に活かしているのです。

外国人観光客を「地産外招」

「白鳳堂」の企業理念は、「筆は道具なり」です。日本の伝統工芸では前記のように「製品に命を吹き込む道具」として「筆」が使われてきました。日本の文化を担う伝統工芸やその知恵を日常的に使うことが少なくなったことを懸念した社長の高本和男さんの発案で、「白鳳堂」は２００４年から道具の文化を考える雑誌「ふでばこ」を発行しています。この雑誌はオールカラーで１８０頁近くもあり、一冊１８００円（税抜き）の高価な雑誌です。雑誌事業自体は赤字とのことですが、この雑誌の取材等を通じて、京都の伝統工芸の会社とのつながりが生まれました。

「白鳳堂」は２００３年に東京の青山にショールームを設け、２０１４年10月には京都御苑近くの寺町通りに白鳳堂京都本店を開店しました。京都本店の所在地は、歌人であり書の大家でもあった藤原定家の京極邸があった由緒ある場所です。この場所は、前述の「ふでばこ」という文化雑誌の取材を通じて付き合いが始まった京都の会社からの紹介でした。また京都の店舗にふさわしい設計士や建築会社も紹介され、モダンな中に京都らしい雰囲気がある素晴らしい建築になっています。１０００点を超える化粧筆が整然と並べられ、まるでアートギャラリーのような「白鳳堂」の京都本店は、２０１５年に「京都景観賞建築部門」奨励賞を受賞しました。

この京都本店は、「旗艦店」という位置づけで、売上はあまり期待していなかったのですが、開店の時期がちょうど外国人観光客が増えた時期と重なりました。京都本店は会社のイメージ向上だけでなく、実際に売上の面でも外国人観光客の利用が当初の予想以上に多く、「地産外招」を実現しています。

事例研究のまとめ

「白鳳堂」が事例として優れている点は、以下の３点です。

①筆の量産化時代に「アーツ・アンド・クラフツ」の精神で、高品質の筆の生産を志し創業したこと

②伝統工芸の筆の技術を化粧筆に応用し、海外で積極的に販売し「地産外商」していること
③由緒ある地区に京都本店を開設し、外国人観光客を招いて「地産外招」を実現していること

「白鳳堂」は1990年代の一時期に、中国の協力工場での生産を試みたこともありますが、現在は国内の工場で手作業を中心に行っています。私も伝統工芸の筆製造現場を見学しましたが、一つ一つの作業は熟練の職人による手仕事で、マニュアルとか工程表があったりするわけでなく、職人たちはそれぞれの仕事に一心不乱に集中しています。「白鳳堂」の工場で、日本人の器用さや高品質を維持できる集中力を目の当たりにし、私は日本の「ものづくり」の原点を見る思いがしました。日本人はこうした細かい作業をする生産能力にもっと自信を持っていいのではないかと思います。

CASE 16 株式会社和《あ》える（東京都品川区）

学生起業で日本の伝統を次世代につなぐ

ジャーナリスト志望の女子大生と「日本の伝統文化」との出会い

「株式会社和《あ》える」代表取締役の矢島里佳さんは、1988年に東京都で生まれました。幼少時にアレルギー体質だったため、自然環境が豊かな千葉県に引っ越します。そして矢島さんが幼稚園の頃、母親が「幼少期から子どもの感性を育む教室」を自宅で始めました。このことは後の矢島さんの起業に少なからぬ影響があったと思います。矢島さんは中学生の時に茶華道部に入部し、初めて茶室に入った際にとても落ち着いた気持ちになったことを契機に、日本の伝統文化に関心を持つようになります。

その当時ジャーナリスト志望だった矢島さんは、ニュースキャスターや新聞記者が多く輩出している慶應義塾大学法学部政治学科のAO入試を受験し、高校3年生の10月に合格しました。同級生よりも半年早く大学受験が終わったので、テレビ東京の名物番組だった「TVチャンピオン2」の「なでしこ礼儀作法王選手権」に応募します。茶華道部で日本の文化や礼法に親しんでいた矢島さんですが、この機会に改めて日本文化や礼法について学び、「なでしこ礼儀作法王選手権」で見事優勝します。矢島さんはこのことがきっかけで、「自分は日本の伝統文化が大好きである」ことを実感したといいます。

大学に入学した矢島さんは、早速ニュースキャスターや新聞記者のＯＢ・ＯＧ訪問を始めます。大学の先輩の話を聞くうちに、「報道とは今起きていることを、多くの人にいかに伝えるか」であることがわかりました。矢島さんは漠然と「伝える仕事をしたい」と思っていましたが、そもそも「自分は、どんな情報を伝えたいのか」を考えるようになります。

また大学生活を送る中で、矢島さんは日本文化を発信する国際人の育成を目標に、「和愛」という学生団体を立ち上げて、日本舞踊や座禅体験、伝統工芸品の工房見学や和菓子作り体験などを企画します。こうした活動を通じて、日本の伝統文化に対する想いはますます強くなり、矢島さんは企画書を作って「日本の伝統産業の職人を訪ねる連載」をいろんな方に提案して回りました。

幸運にもＪＴＢの会報誌でこの企画が実現し、矢島さんは全国の伝統産業の職人を取材し、写真を撮って記事にします。父親がカメラマンで幼い頃からカメラに親しんでいたため、矢島さんが撮った職人たちの写真はとても好評だったそうです。そしてこの連載の仕事を通じて、矢島さんは全国の伝統産業の職人と人脈をつくることができました。

「日本の伝統産業×赤ちゃん用品」のアイディアで学生ビジネスコンテストで優勝

矢島さんは全国の職人たちを訪問するうち、日本の伝統産業が衰退していく状況を目の当たりにします。「伝統産業品は質が良くても、価値がわかる人が少なく売れない→後継者が少なくなる→職人が高齢化する」という悪循環が起きており、今の職人がいなくなれば、存在しなくなる伝統産業も出てきます。矢島さんはなぜ日本の伝統産業が衰退するのかを考えた結果、「赤ちゃんや子どものころから、日本の伝統産業の魅力に触れて、その価値を感覚で理解していれば、大人になっても日本の伝統産業品を使い続けるのではないか」という仮説に至りました。

そして取材で知り合った愛媛県の砥部焼《とべやき》の職人が、動物の絵付けをした子ども用のお茶碗を作っていることを知ります。矢島さんが子ども用のお茶碗を作る理由を尋ねたところ、「子ども用の良い茶碗がないから、作って欲しいと頼まれた」とのこと。この時から「日本の伝統産業の良さを子どもに伝える」というコンセプトが明確になってきました。そして矢島さんは、「伝統産業×赤ちゃん・子ども」のために仕事をしている会社に就職したいと思い、必死に探しました。しかしどんなに探しても、そういう仕事をしている会社は見つかりませんでした。

それならば自分が事業化しようと考えましたが、このコンセプトが社会に通用するかどうかわからないため、矢島さんは学生対象のビジネスコンテストに応募することにしました。最初に応募したのは日刊工業新聞社主催の「キャンパスベンチャーグランプリ」で、この時は優勝を逃したものの「東京産業人クラブ賞」を受賞しました。このコンテストの審査段階でいろんな質問を受けて、どのようなことがビジネスコンテストで求められているかがわかりました。この経験を活かして、矢島さんは大学3年生の時に東京都と東京都中小企業振興公社が主催する「学生起業家選手権」に応募します。審査の結果、矢島さんは230名中最上位の優秀賞を受賞し、賞金50万円と1年以内の起業に与えられる起業応援金100万円を受け取りました。

東日本大震災の直後に「株式会社和える」を学生起業

「学生起業家選手権」で優秀賞となり、賞金と起業応援金あわせて150万円を手にした矢島さんですが、すんなり起業したわけではありません。同じ慶應義塾大学の湘南藤沢キャンパスにある大学院政策・メディア研究科に「社会イノベータコース」があることを知り、この分野の研究をどうしてもしたくなったのです。そして同大学院を受験して合格し、翌年から起業と同時に大学院での研究もすることになりました。

2011年3月11日に東日本大震災が起こり日常生活が混乱する中、矢島さんは直後の3月16日に「株式会社和える」を法人登記しました。「大学卒業と同時に起業し、さらに大学院にも進学して、不安はなかったのでしょうか?」と私が聞くと、矢島さんは「いいえ、失うものはなかったので」とのことでした。自分のやりたいこと、学びたいことに真っすぐに突き進んでいく矢島さんの積極性は本当に素晴らしいと思います。

会社名の「和える」は、矢島さんがまだ20歳だった時に知り合った年配の方から、「自分がずっと温めてきた『和える』という名前を君にあげる。いつか使う機会があったら、使って欲しい」といって贈られた名前でした。

「和える」は「あえる」と読みます。「和える」とは、「異なる素材が合わさって、一つになる」ことです。日本料理の「和え物」は、何種類もの季節の野菜を刻み、酢味噌や豆腐などの和え衣と合わせて、全体の味を調えます。「和える」とは、単に「混ぜ合わせること」とは違うのです。

また「和える」とは「異なるものがそれぞれの良さを引き立てながら、ハーモニーを作る」という考え方であり、「ダイバーシティとインクルージョン」にもつながります。矢島さんは「日本の伝統や先人の智慧」と「今を生きる人の感性や感覚」を和えて、「文化大国である日本」の創造に貢献しようとしているので、「和える」という社名は、矢島さんの事業コンセプトにふさわしい良いネーミングだと思います。
「会社の顔」である「和える」のロゴは、赤い日の丸のような円と日本の伝統的な吉祥文様である七宝柄の円を組み合わせています。このロゴには、『日本の伝統や先人の智慧（赤い円）』と『今を生きる人の感性や感覚（七宝柄の円）』を和える」という想いが込められています。さらに七宝柄の円の位置を動かすことによって「モーション・ロゴ」にもなり、コーポレートロゴとして大変完成度の高いものです。

コーポレートメッセージを体現した「和える」のロゴ

「伝統産業品の価値を伝える」ソーシャル・ビジネス

矢島さんに取材調査をしている際に、私が「伝統産業の職人さんたちはものを作ることは上手でも、販売が苦手な人が多いので、矢島さんが代わりに販売のプラットフォームを作るのはいいアイディアですね」と言うと、矢島さんは「私は伝統産業品を売っているの

ではありません。伝統産業品の価値を伝えているのです」と言います。

「0歳からの伝統ブランドaeru」の店舗を実際に訪れると本当にその通りで、お店にいるスタッフの方は商品である伝統産業品の説明を丁寧にしてくれますが、売りつける感じはなく、ゆったりと赤ちゃんや子どもたちに贈るための伝統産業品を見ることができます。

矢島さんは起業した「和える」という会社を「和えるくん」と擬人化し、また会社の創設者である矢島さん自身を「和えるくんのお母さん」と位置付けています。目黒にある東京直営店「aeru meguro」は、「和えるくんの住んでいる家」のイメージです。目黒駅から徒歩3分ほどのところにある再開発地区の新しいマンションの一角にあり、モダンな店舗です。

五条にある京都直営店「aeru gojo」は「和えるくんのおじいちゃんとおばあちゃんの家」をイメージし、明治初期から続く糸六株式会社の建物の一部を借りています。矢島さんは「大家さんとお互いに信頼し合える関係が重要」と思い、東京から足繁く京都に通って、物件を2年以上かけて探しました。老舗の糸屋である糸六株式会社にとっても、伝統を重視しながらも新しいチャレンジをしている「aeru gojo」が同じ敷地内にあることは、良い刺激になっているとのことです。

また「和える」は、創業20周年を迎える２０３１年までに12の事業を立ち上げる計画をしており、すでに「地域の伝統や歴史を、宿泊したホテルの部屋で体感できる」aeru room事業や、「法人や個人向けに、職人の技を活かしたオーダーメイドの伝統産業品を誂える」aeru oatsurae 事業などを立ち上げています。

事例研究のまとめ

「和える」が事例として優れている点は、以下の3点です。

①「日本の伝統産業を次世代に伝える」ソーシャル・ビジネスを、ネットと実店舗で展開していること

②日本の伝統産業に何かを掛け合わせ、ソーシャル・イノベーションを起こす事業計画があること

③「和える」という優れたネーミングと、事業コンセプトに合った完成度の高いロゴであること

矢島さんは学生時代からＪＴＢの会報誌に伝統産業の記事を執筆し、また経済産業省の「クールジャパン戦略推進事業」のコーディネーターを務めるなど、伝統産業にかかわる

様々な活動をしています。そうした活動を通じて、職人をはじめとした「和える」を支えている人々と出会っています。

これから起業を志す方は、ぜひ矢島さんの幅広い活動や積極的な行動力を見習ってほしいと思います。やりたいことがあったら、まず「夢を口にし、十人に話す」ことをしてみてください。賛同してくれる人もいれば、否定的な意見を言う人もいると思います。どちらの話も耳にいれて、自分でどうしたらいいかを判断することが大事だと思います。そうすれば「夢が叶《かな》う」ことにつながるのです。

また起業を志す人の中には、最初から「このビジネスをこういうやり方でする」と決めてかかっている人がいます。そうではなくて、自分が本当に興味を持っていることは何なのか、それは社会的に意義があるのか、そしてやりたいことを達成するための手段にはどんなものがあるのか、柔軟に考えてほしいと思います。「思いつき」や「思いこみ」で起業をするのではなく、矢島さんのように幅広い活動を通して、様々な人々と知り合って意見を聞き、「思いを昇華させる」プロセスが起業には必要だと思います。

矢島さんのように新しく豊かな感性を持ってソーシャル・ビジネスを行う人が増え、日本の経済と文化がさらに活性化することを、私は期待しています。

コラム　「後継者難」の乗り越え方

「後継者問題」には、「子供が家業を継ぐ気があるか」ということに加え、経済構造の変化で「子供が家業を継いでも、生計が成り立つか」という切実な問題があります。「京和傘日吉屋」（第四章）の事例では、年商が100万円台であったため先代は自分の代で終わりにしようと考えていました。現在は子供の数が少ないため、家業である事業の承継候補者はもともと多くありません。また昔なら婿養子の候補になった次男三男も少なくなったので、それも難しいのです。

「原商店」（第一章）には子供が3人いますが、末子である次男が店を継ぐ意志を持っています。原さんは「もし誰も継がない場合には家業を法人化して株券を子供たちに渡す」ことも考えたそうで、このように経営と所有を分離するのも一案です。

私の友人に明治時代から続く食品専門商社のオーナー社長がいますが、後継ぎとなる長男が生まれたのは40歳の時でした。彼は「自分と息子との間に、誰かに中継ぎで社長を務めてもらわなければならず、家族以外の後継者づくりが今の自分の課題」と言っています。

序章で述べたように事業に次世代に残すべき「価値」がある場合には、後継者を探すべきです。後継者は家族や親族、従業員だけでなく、同業者や取引先も対象で、また顧客でもいいのです。後継者を直接探してみるだけでなく、金融機関や事業承継の専門会社など、事業承継には様々なネットワークがあります。

石川県のB級グルメと言われる「金沢カレー」を国内外に展開している「株式会社ゴーゴーカレーグループ」は、金沢市にあるインドカレーの老舗「ホットハウス」を2017年2月に買収しました。「ホットハウス」は創業者が約40年間経営し、お客から「店をやめないでほしい」とも言われるほど人気が高いインドカレーの名店でしたが、後継者がいないため廃業を検討していました。そのため同じ金沢出身の「ゴーゴーカレーグループ」が「ホットハウス」を買収したのですが、これは「ブランド承継型」の事業承継です。この事業承継スキームを応用すれば、日本全国にあるその土地で愛されてきた特徴あるカレー専門店の味を次世代にも引き継ぐことができます。また引き継いだ企業にとっては、地域で愛されてきた味を比較的ローコストで獲得して業態を多様化する機会になり、売上を伸ばす成長戦略につながります。この買収をきっかけに「ゴーゴーカレーグループ」は、人材サービスの「株式会社ビズリーチ」を通じて、後継者不足に悩む全国のカレーの名店のM＆A候補の公募を始めています。

後継者がない事業主は「自分のやっている事業は大したことはない」と考えて、事業承継の可能性を探すよりも廃業を考える人がいるかと思います。ただ、今まで続いてきたということは未来に「残すべき価値」がある場合があり、また地域経済が縮小するよりも、今ある事業が何らかの形で承継される方が縮小を止めることになり望ましいと言えます。

日本企業の99・7％を占める中小企業や地方経済をどのように活性化するかという問題は、いうなれば「毛細血管をどう生かしていくか」ということです。大動脈だけでなく、毛細血管が隅々までいきわたり脈打っていることが、健全な形だと私は思います。

おわりに

本書で「衰退産業における代替わりイノベーションの事例」を研究しているうちに、「ビギナーズ・マインド」「増価主義」「地産外招」という3つのキーコンセプトを私は見出しました。そして本書を書き始める前には全く予想もしていなかったことですが、それらに加えて「風の人、土の人」という隠れたコンセプトも浮かびあがってきました。

「風の人」とは新しい考えを運ぶ人、「土の人」とはその考えを育む人のことです。

「風の人、土の人」という言葉を私に教えてくれたのは、第二章「旅館」で取り上げた「三水館」を設計した川上恵一さんです。

川上さんは長野県松本市で、古民家の再生と建築設計をしています。川上さんは著書『住み継ぐ家の物語Ⅱ』の中で、「『風』の人と『土』の人が交じり合って『風土』となる」と記しています。「都会の空気の中から脱け出して」小諸に来た島崎藤村は、まさに小諸にとって「風の人」でした。島崎藤村自身も「土の人」から学んだことを、『千曲川のスケッチ』のなかで、こう記しています。

「私は信州の百姓の中へ行っていろいろなことを学んだ。田舎教師としての私は小諸義塾で町の商人や旧士族やそれから百姓の子弟を教えるのが勤めであったけれども、一方から言えば私は学校の小使からも生徒の父兄からも学んだ。到頭七年の長い月日をあの山の上で送った。私の心は詩から小説の形式を択《えら》ぶように成った」

また「愛ターン」という言葉を私に教えてくれたのは、元望月町長の吉川徹さんです。吉川さんは約50年前、東京教育大学を卒業後に、旧望月町（現佐久市）に社会教育主事として赴任した、元祖「愛ターン」経験者です。吉川さんは、現在「多津衛民芸館」の館長で、その機関誌（第23号）で旧望月町地区への「愛ターン移住者」の特集を組み、「風が種を運び、土がそれを育てる。その中で地域独自の文化=風土が形成される」と書いています。

地域だけでなく、会社組織でも同じことが言えると思います。「風の人」は「ビギナーズ・マインド」を持っています。「風」と「土」が交じり合い、時を重ねて独自の風土や文化を育んでいくことは、「増価主義」につながります。外から「風」を招くことによって、「土」で育まれるものの実りがより多くなる。それは本書で提示した「地産外招」のコンセプトにもつながります。

「今ほど人間と文学が軽んじられている時代はない」という言葉をどこかで読み、以来その言葉は私の心に強く残っています。本書が経営書でありながら、文学的な表現を取り入れているのは、私のそういう想いからです。また本書の執筆と同時に、「風と土　経営とアートのＳＯＺＯ展」を友人の陶芸アーティスト、須齋尚子さんと企画し、２０１９年９月に長野県東御市の梅野記念絵画館で開催する予定です。この展覧会では「風と土」をテーマに、私が経営に関する文章をＳＯＺＯし、須齋さんが陶芸作品をＳＯＺＯします。この展覧会の企画段階で、須齋さんは「風は動くもの、土は動かないもの」「風は見えないもの、土は見えるもの」という考え方を私に教えてくれました。さらにこの考えを進めれば、「風」は変化を起こすイノベーション innovation であり、「土」は基盤となるファンデーション foundation とも言えます。

本書の執筆にあたり、お忙しい中、事例研究にご協力いただいた経営者の方々に、この場を借りて心からお礼を申し上げます。本を書くことを私に勧めてくれた元同僚の中島豊さん、アドバイスをいただいた着物仲間の矢内裕子さんと義弟の藻谷浩介、また新潮社の葛岡晃さんと横手大輔さんに心から感謝申し上げます。そして私にいつも厳しい批判と温かい励ましをくれる夫の藻谷俊介と3人の子供たちにも感謝します。

最後に、本書の読者が地域や会社組織において、「新風を吹き込み」、「風穴を開ける」イノベーションを起こすことを期待して、筆を擱きます。

２０１９年４月　藻谷ゆかり

主要参考文献

はじめに

『千曲川のスケッチ』(島崎藤村著　新潮文庫)

序　章

『禅マインド　ビギナーズ・マインド』(鈴木俊隆著　松永太郎訳　サンガ新書)
『世阿弥の世界』(増田正造著　集英社新書)
『NHK「100分de名著」ブックス　世阿弥　風姿花伝』(土屋惠一郎著　NHK出版)
『日本旅館進化論　星野リゾートと挑戦者たち』(山口由美著　光文社)
『商人(あきんど)』(永六輔著　岩波新書)

第一章　商店

『京都100年企業に学ぶ　商いのイロハ』(林勇作著　コミニケ出版)
「酒類小売規制の緩和による酒類小売市場の変化」(南方建明著『大阪商業大学論集(157号)』)

第二章　旅館

「倒産寸前の老舗旅館をどう立て直したのか　最高のおもてなしは従業員満足から生まれる」（宮﨑知子著『ダイヤモンド・ハーバード・ビジネス・レビュー2018年8月号』）

第三章　農業

『京都発　新・農業経営のカタチ　脱サラ就農、九条ねぎで年商10億円』（山田敏之著　PHP研究所）

『湘南の風に吹かれて豚を売る』（宮治勇輔著　かんき出版）

第四章　伝統産業

『伝統の技を世界で売る方法　ローカル企業のグローバル・ニッチ戦略』（西堀耕太郎著　学芸出版社）

『和える―aeru―　伝統産業を子どもにつなぐ25歳女性起業家』（矢島里佳著　早川書房）

『やりがいから考える自分らしい働き方』（矢島里佳著　キノブックス）

おわりに

『平和と手仕事　23号　愛ターン特集』（多津衛民芸館運営委員会）

『住み継ぐ家の物語Ⅱ』（川上恵一著　オフィスエム）

装幀　新潮社装幀室

藻谷ゆかり（もたに・ゆかり）

1963年、横浜市生まれ。東京大学経済学部卒業後、金融機関に勤務。
1991年ハーバード・ビジネススクールでMBA課程修了。
外資系メーカー2社勤務後、
1997年にインド紅茶の輸入・ネット通販会社を起業（2018年に事業譲渡）。
2016年から昭和女子大学グローバルビジネス学部客員教授、
2018年同大学特命教授。
2002年に家族5人で長野県北御牧村（現東御市）に移住。
現在は地方活性化や家業のイノベーション創業を支援する「巴創業塾」を主宰。

衰《すい》退《たい》産《さん》業《ぎょう》でも稼《かせ》げます
「代《だい》替《が》わりイノベーション」のセオリー

著者　藻谷《もたに》ゆかり
発行　2019年5月30日

発行者　佐藤隆信
発行所　株式会社新潮社　〒162-8711　東京都新宿区矢来町71
電話　03-3266-5550（編集部）　03-3266-5111（読者係）
https://www.shinchosha.co.jp

印刷所　大日本印刷株式会社
製本所　大口製本印刷株式会社

乱丁・落丁本は、ご面倒ですが小社読者係宛お送り下さい。
送料小社負担にてお取替えいたします。
価格はカバーに表示してあります。

ISBN 978-4-10-352641-4 C0095

中国はなぜ軍拡を続けるのか　阿南友亮

経済的相互依存が深まるほど、軍拡が加速するのはなぜか。一党独裁体制が陥った「軍拡の底なし沼」構造を解き明かし、対中政策の転換を迫る決定的論考。

《新潮選書》

立憲君主制の現在
日本人は「象徴天皇」を維持できるか
君塚直隆

各国の立憲君主制の歴史から、君主制が民主主義の欠点を補完するメカニズムを解き明かし、日本の天皇制が「国民統合の象徴」として機能する条件を問う。

《新潮選書》

進化論はいかに進化したか　更科功

『種の起源』から160年。ダーウィンのどこが正しく、何が誤りだったのか。気鋭の古生物学者が、ダーウィンの説を整理し進化論の発展を明らかにする。

《新潮選書》

21世紀の戦争と平和
徴兵制はなぜ再び必要とされているのか
三浦瑠麗

国際情勢が流動化し、ポピュリズムが台頭する中で、いかに戦争を抑止するか。カントの『永遠平和のために』を手掛かりに、民主主義と平和主義の再強化を提言する。

宇宙の覇者　ベゾスvsマスク
クリスチャン・ダベンポート
黒輪篤嗣訳

テクノロジーで世界を変革してきた二人の無敵の経営者は、なぜ宇宙を目指すのか？　インターネット後の覇権を賭けて人類最後のフロンティアに挑む二人の熱き闘い。

自衛隊失格
私が「特殊部隊」を去った理由
伊藤祐靖

遺髪を預け入隊した、戦わないことが前提の「軍隊」は摩訶不思議な世界だった――北朝鮮の拉致工作船と対峙した著者が、捨て身の自伝で国防の現場を明かす！